Life Hacks: 1000 Haushaltstipps, die schon Oma kannte

Brilliante Tricks und bewährte Tipps für Haus und Garten
Tipps und Tricks für unser tägliches Leben

Life Hacks: 1000 Haushaltstipps, die schon Oma kannte

Brilliante Tricks und bewährte Tipps für Haus und Garten
Tipps und Tricks für unser tägliches Leben

SoTo

Inhaltsverzeichnis

Vorwort

Liebe Leserinnen, liebe Leser,

in unseren Großeltern schlummert ein Wissen, das ungeahnt ist. Manch einer mag es heutzutage gar mit Magie vergleichen wollen. Doch leider stirbt mit ihnen auch irgendwann einmal das Wissen um viele Dinge, die uns auch heute noch nützlich sein können - im Speziellen in der Bewältigung unseres Alltages.

Immer mehr wird auf Chemie gesetzt, immer hektischer wird unser Leben, immer mehr vergessen wir unsere Wurzeln.

Damit das nicht geschieht, habe ich dieses Buch ins Leben gerufen.

Über ein Jahr lang habe ich Dachböden durchforstet, alte Zeitungen in Frakturschrift studiert, handgeschriebene Notizen ausgewertet und Großeltern befragt, um die besten Tipps und Tricks zusammen zu tragen.

In diesem Buch liegen nun stolze 1009 Haushaltstipps vor - angefangen von der Küche, über die Wäsche, bishin zu speziellen Tipps für den Mann oder für den Garten.
Manch einer davon wird Ihnen, liebe Leserinn und lieber Leser, vielleicht seltsam anmuten. Vielleicht werden Sie auch den Kopf schütteln - aber den-

ken Sie daran: Bei unseren Großeltern haben diese Tricks funktioniert.

Manche davon sind, zugegeben, nicht mehr ganz zeitgemäß und vielleicht auch mit etwas Vorsicht zu genießen, sollten aber der Vollständigkeithalber hier mit aufgeführt werden. Ob sie dann zur Anwendung kommen - das ist ganz allein Ihnen überlassen.

Ich wünsche Ihnen viel Spaß beim Lesen!

Ihre
Leonie Jager

Tipps und Tricks für die Küche

1. **Eingemachte Früchte schimmeln nicht,**
wenn man sie nach dem Erkalten im Glas vor dem Zubinden mit wenig Weinbrand oder Korn (Branntwein) übergießt.

2. **Schimmel an Würsten und Schinken verhindern.**
Man bestreicht sie mit einem dünnen Brei aus Salz und Wasser, der eine schimmel-verhindernde und -tötende Salzkruste bildet.

3. **Angeschnittenen Schinken frisch halten.**
Angeschnittener Schinken bleibt tadellos frisch nach Überstreichen der Schnittfläche mit rohem Eiweiß.

4. **Zu zäh gewordener Schinken oder Speck**
wird wunderbar, wenn er kurze Zeit in heißes Wasser kommt.

5. Gehacktes Fleisch (Hackfleisch) bleibt genußfähig, wenn es mit Salz vermengt ist.

6. **Übrig gebliebenes Eigelb hält sich tagelang frisch,**
wenn man es in eine Tasse tut und kaltes Wasser übergießt.

7. **Um Getränke und Speisen kühl zu halten,**
umwickelt man das Gefäß mit einem nassen, ausgewrungenen Tuch und stellt es möglichst an eine Stelle mit Zugluft.

8. Will man Würstchen nicht am gleichen Tage verzehren,
so legt man sie in leicht gesalzenes Wasser.

9. **Speiseöl und Backöl nicht verkorkt aufbewahren,**
um Ranzigwerden zu verhindern, sondern luftig mit einem Läppchen zugebunden, und möglichst an dunkler Stelle aufbewahren. Nur Olivenöl wird verkorkt aufbewahrt.

10. **Trübe gewordenes Olivenöl**
muß in die Wärme gebracht werden.

11. **Angefrorene Kartoffeln kann man leicht retten,**
indem man sie mehrere Stunden in kaltes Wasser bringt.

12. **Blumenkohl beim Kochen schön weiß halten.**
Man gibt dem Kochwasser eine Kleinigkeit Zucker bei.

13. **Wenn man einmal zu tief ins Salzfaß gegriffen**
hat, kann man das Gericht durch ein Stückchen Naturschwamm, der das Salz aufsaugt, meist noch retten.

14. **Ein anderes Mittel:**
Geschälte rohe Kartoffelscheiben in die Speisen legen!

15. **Roßkastanien entbittern.**
Gewöhnliche Roßkastanien werden mit der Schale gekocht, bis der Kern weich wird. Dadurch wird ihnen der Bitterstoff entzogen, der das Kochwasser braunviolett färbt und mit diesem weggeschüttet wird. Sie werden dann geschält in frischem Wasser weich gesotten und sind für viele Zwecke ein gutes Futtermittel. (Man kann sie beinahe selbst essen.)

16. **Entsäuerung von Milchkannen.**
Milchkannen werden einmal wöchentlich mit rohen Kartoffelschalen ausgekocht, damit sie keimfrei werden und die Milch vor Säuern und Verderben bewahrt wird.

17. **Milchflaschen werden wöchentlich**
mit dem heißen Kartoffelschalenwasser nur gespült.

18. **Puderzucker selbst herstellen.**
Gewöhnlichen Zucker bringt man zwischen zwei Servietten und bügelt mit einem mäßig warmen Bügeleisen einige Male darüber, bis der Zucker vollständig zu Pulver geworden ist.

19. **Eier platzen nicht beim Kochen,**
wenn man etwas Salz in das Wasser tut.

20. **Tee wird schmackhafter,**
wenn Sie die Blätter für 10 Minuten, auf einen reinen Papierbogen ausgebreitet, vor Aufbrühen in die warme Ofenröhre legen.

21. **Tee wird ausgiebiger,**
wenn Sie ihn in einer Teemühle (ähnlich Kaffeemühle) mahlen.

22. **Gemahlenen Kaffee auf Verfälschung prüfen!**
Man schüttet etwas von dem Kaffee in ein hohes, mit Wasser gefülltes Glas. Echter Kaffee steigt in die Höhe und bildet eine obenaufschwimmende Schicht; alle anderen Röstprodukte (Zichorie, Getreide, Rüben, Eicheln usw.) sinken dagegen unter.

23. **Kakao wird nicht**
in den Papp-Packungen aufbewahrt, sondern in ein Porzellangefäß getan, um den Wohlgeschmack zu erhalten.

24. **Anbrennen von Milch wird vermieden,**
wenn man den Kochtopf vorher gut mit kaltem Wasser ausspült.

25. **Will die Schlagsahne nicht steif werden,**
so fügt man etwas aufgelöste Gelatine hinzu.

26. **Rosinen und Korinthen nicht in Papiertüten**
aufbewahren, da sie in diesen leicht feucht werden.

27. **Rosinen und Mandeln verteilen sich gleichmäßig**
in den Kuchenteig und sinken nicht zu Boden, wenn sie mit etwas Mehl verrührt und erst zuletzt in den Teig gegeben werden.

28. **Mandeln springen nicht fort**
beim Hacken, wenn Sie etwas Zucker unterstreuen.

29. **Um das Festwerden von Klößen zu verhindern,**
muß man sie vor dem Kochen eine Stunde stehen lassen.

30. Mehl- u. Kartoffelklöße kochen sich ohne abzubröckeln,
wenn das Kochwasser mit etwas Mehl gebunden ist.

31. **Apfelschalen nicht fortwerfen!**
Man tut sie nach dem Schälen in einen Topf, übergießt sie mit reichlich Wasser und läßt sie bis zum anderen Morgen stehen. Das gewonnene Getränk kann man, etwas gesüßt, sofort genießen oder aufkochen. Es ersetzt hervorragend den Morgenkaffee. (Für Fettleibige zugleich geeignet; außerdem: nervenberuhigend).

32. **Beim Kochen von alten Kartoffeln**
soll man eine Kleinigkeit Milch in das Wasser gießen. Sie werden dann nicht dunkel und der Geschmack wird verbessert.

33. **Kartoffeln liegen im Keller neben den Kohlen?**
Unappetitlich? Ungesund? Falsch gedacht! Der Staub der Kohlen entkeimt die Luft. Also ruhig liegen lassen!

34. **Einen einfachen Kartoffeldämpfer**
bildet ein beliebiges Sieb, in einen Topf eingehängt.

35. **Kartoffeln in kaltem oder in heißem Wasser ansetzen?**
Viel richtiger in heißem. Der Geschmack bleibt viel besser.

36. **Kartoffelpuffer sind leichter verdaulich,**
wenn man dem Teig etwas Backpulver beifügt.

37. **Wässerige Kartoffeln werden wieder mehlig,**
wenn man sie einige Zeit vor dem Ofen trocknen läßt.

38. **Kartoffeln soll man dünn schälen:**
die wertvollsten Stoffe sitzen unmittelbar unter der Schale.

39. **Reis brennt nicht an.**
Man kocht ihn zunächst wenig an und schüttet ihn dann in ein Haarsieb, das man über kochendes Wasser in einen Topf hängt. Der Wasserdampf kocht (dünstet) den Reis zu Ende.

40. **Gurkensalat verträgt jeder,**
wenn man die geschälte Gurke mit kochendem Wasser abbrüht, mit kaltem Wasser abschreckt und dann erst schneidet.

41. **Frische Gurken aufbewahren.**
Man stellt sie in Wasser, Stielseite nach unten, so daß sie zu zwei Dritteln herausragen. Wasser täglich erneuern!

42. **Salz im Salzstreuer wird nicht feucht**
und klumpt nicht, wenn Sie einige Reiskörner mit hineintun.

43. **Hefe prüfen.**
Man tut etwas Hefe in ein Glas heißes Wasser. Steigt sie hoch, so ist die Treibkraft noch gut.

44. **Wie kann man Gas sparen?**
Die Gaskocherflamme muß so gestellt werden, daß immer nur die Spitzen, welche die größte Hitze entwickeln, den Topfboden berühren. Zu große Flamme ist unbedingt Verschwendung.

45. **Noch ein Wink zum Gassparen: Verstopfte Löcher**
des Brenners sind gleichfalls kostspielig, weil dann weit geringere Hitze entwickelt wird; daher: den Brenner öfter mit heißem Soda- oder Seifenwasser auswaschen und ausbürsten.

46. Und noch einer: stets mehrere Topfe übereinander

aufsetzen! (In den oberen: Abwaschwasser)

47. **Wurst bleibt auch angeschnitten frisch,**

wenn man die Schnittfläche mit Schweineschmalz bestreicht. Das Schmalz kann wieder verwendet werden.

48. **Rohes Fleisch versenden?**

Es hält sich frisch, wenn Farnkraut dazwischengelegt wird.

49. **Billiger Brotaufstrich: Kompott von getrockneten**

Pfirsichen und Aprikosen, durch ein Sieb gestrichen, schmeckt besser und ist billiger als die meist sehr süßen Marmeladen.

50. **Altes trockenes Brot verwerten.**

Brotwasser ist vorzüglich als durststillendes Getränk für Kinder und Kranke, auch für Gesunde in der Hitze.

51. **Altes Backfett wird wieder frisch,**

wenn man es mit einer kleinen, geschälten, rohen Kartoffel leicht aufkocht. Diese zieht den Geschmack aus dem Fett.

52. **Angebrannter Braten wird wieder tadellos,**
wenn man das Fleisch samt der Soße nach Abschneiden der angeschwärzten Stellen in einen frischen Topf gibt und nun nach Beifügung einer Prise Natron zu Ende brät.

53. **Kuchen, Stullen, Kleingebäck wird frisch gehalten**
in einer Blechbüchse, in die man einen Apfel legt.

54. **Zitronen- und Apfelsinenschalen nicht fortwerfen!**
Getrocknet ergeben sie vorzügliche Feueranzünder.

55. **Jeder Fisch – hält sich frisch,**
wenn man ihn in mit Essig getränkte, feuchte Tücher schlägt.

56. Erbsen, Bohnen, Linsen werden schneller weich,
wenn man beim Kochen etwas Natron beifügt.

57. **Kakao hemmt den Stoffwechsel nicht,**
wenn man ihn mit Wasser kocht und etwas Zitronensaft zugibt.

58. **Wenn der Kuchen fest sitzt:**
Blech oder Form mit einem nassen Tuch kurze Zeit abkühlen!

59. **Kuchenbleche reinigt man in erhitztem Zustande**
mit Papier und Salz und reibt dann mit etwas Öl nach.

60. **Leicht verderbliche Flüssigkeiten,**
die nicht ganz aufgebraucht werden, füllt man in eine Flasche und verschließt diese fest mit einem durch warmes Wasser gezogenes Gelatineblättchen. Dieser Verschluß ist luftdicht.

61. **Speisen brennen nicht an,**
wenn man in den Topf eine gewöhnliche Kindermurmel legt, die man kurz vor dem Anrichten wieder herausnimmt. (Diese erstaunliche Wirkung dank der rollenden Bewegung der Murmel.)

62. **Aufgewärmt? Speisen soll man nur im Wasserbade**
aufwärmen. Das nimmt ihnen den »aufgewärmten« Geschmack.

63. **Salate jeder Art schmecken besser,**
wenn man ihnen zerlassene Butter statt Öl zugibt.

64. **Was tun wir mit den Hagebutten?**
Hagebutten, reif im Oktober gesammelt, entkernt und getrocknet, sind lange haltbar. Teebereitung: die Früchte werden so lange gekocht, bis eine schöne rote Färbung entsteht (Sehr ausgiebig.)

65. **Hagebutten-Suppe:**
Die Hagebutten werden in Wasser weichgekocht, zerquirlt, durch ein Haarsieb getrieben, mit Grieß oder Sago angedickt, mit Zitrone oder Vanille gewürzt oder mit einem Eigelb abgequirlt.

66. **Angeschnittenes Brot hält sich frisch**
nach Bedecken der Schnittfläche mit feuchtem Pergamentpapier.

67. **Bohnenkaffee schmeckt besonders gut,**
wenn man eine Messerspitze Kakao zusetzt.

68. **Bohnenkaffee regt weniger auf,**
wenn man ihn mit einer Prise Natron aufbrüht.

69. **Ranzige Butter wird wieder schmackhaft,**
wenn man sie mehrmals mit Natronwasser durchknetet. Das Wasser muß jedesmal erneuert werden

70. **Aussteinen von Kirschen.**
Man schneidet einen Gänsekiel gerade ab, stößt mit dem Stielende den Stein zur anderen Seite heraus. Kaum eine Maschine besorgt das so rasch und gut.

71. **Tropfen-Abgießen aus Flaschen ohne Tropfenzähler**
gelingt leicht, wenn man die geschlossene Flasche vorher umkehrt, so daß sich der Flaschenhals bis zum Rand befeuchtet.

72. **Metallene Löffel soll man nicht im Topf lassen**
beim Kochen, weil sie einen großen Teil der Wärme ableiten.

73. Man soll Löffel auch nicht in aufbewahrten Speisen
lassen, weil sie dem Geschmack schaden.

74. **Kartoffeln angebrannt?**
Es ist halb so schlimm, wenn Sie sie noch einmal mit kaltem Wasser aufsetzen und dann nach Aufwallen gleich abgießen.

75. **Das Putzen von Mohrrüben**
ist eine Kleinigkeit mit dem Metall-Lappen (aus Drahtgeflecht).

76. **Wasserflaschen, die durch eisenhaltiges Wasser unklar**
wurden, säubert man, indem man viele Zeitungspapierschnitzel hineintut, mit kaltem Wasser füllt und einen Tag stehen läßt.

77. **Wasser- und Biergläser,**
von denen das eine fest im andern sitzt, lösen sich augenblicklich, wenn man das untere in heißes Wasser stellt und in das obere kaltes Wasser hineingießt.

78. **Korken aus dem Flascheninnern entfernen.**
Ein Bindfaden wird derart eingeführt, daß man die zwei Enden in der Hand behält. Flasche dann umstülpen, so daß der Kork in die Schlinge gerät, und ihn mit kurzem Ruck herausziehen.

79. **Die Kaffeemühle.**
Sie muß bisweilen gründlich gereinigt werden. Am besten: indem man feinen Sand wie Kaffee durch die Mühle gehen läßt, der alles Unsaubere fortnimmt und keinesfalls Spuren hinterläßt

80. **Emaille-Kochgeschirre:**
nicht mit allzu scharfen Mitteln. Seifenwasser genügt meist.

81. **Holzgeschirre und Hackbretter**
sind am besten nur mit Scheuersand zu reinigen.

82. **Verbogene Hackbretter taucht man in Wasser,**
legt sie auf eine glatte Fläche und beschwert sie.

83. **Eine angebrochene Bier- oder Seltersflasche aufheben.**
Man stellt sie auf den Kopf. Die Kohlensäure bleibt erhalten.

84. **Ein gutes Mittel gegen Schaben.**
Borax und Zucker zu gleichen Teilen mischen! Die Schwaben (Küchenschaben) platzen davon nach dem Genuß.

85. **Reste in der Fleischmaschine entfernen.**
Man dreht zum Schluß ein Stück Butterbrotpapier durch. Das Papier wird nicht zerkleinert.

86. **Gefrorene Eier werden wieder eßbar,**
wenn sie 2–3 Stunden in kaltem Wasser gelegen haben.

87. **Kochtopf-Henkel zu heiß?**
Wenn man ihn mit Bast umwickelt hat, kann man ihn auch bei größter Hitze mit bloßer Hand anfassen.

88. **Getrocknete Pilze, durch die Pfeffermühle gedreht,**
ergeben eine hervorragende Würze zu vielerlei Zwecken.

89. **Fettflecke auf dem Küchentisch verschwinden,**
wenn man einige Zeit einen festen Brei aus Ton auflegt.

90. **Küchenschrankgeruch wird beseitigt**
durch Ausstreuen von gemahlenem Kaffee.

91. **Obstflecke an den Händen (zur Einmachezeit)**
verschwinden durch Waschen der Hände in Buttermilch.

92. **Speisereste im Sommer frischhalten.**
Eine Messerspitze Natron hinzugeben!

93. **Tee erhält ein besonderes Aroma,**
wenn man eine Vanillestange in die Teedose legt.

94. **Wer es noch nicht weiß – Kühlen *ohne Eis*!**
Das kann man wunderbar an heißen Tagen, indem man 1 Handvoll Salz und 1 Päckchen Waschblau in einer Schüssel Wasser auflöst und die Speisen hineinstellt. Die Wirkung überrascht jeden

95. **Das Messer riecht nach Zwiebeln?**
Man zieht es mehrmals durch eine rohe Mohrrübe.

96. **Backbleche voller Krusten von Obstkuchen**
sind leicht gereinigt, wenn man sie nachts ins Freie oder in einen feuchten Raum stellt. Am nächsten Morgen läßt sich die inzwischen weichgewordene Kruste mit Papier leicht abstreifen.

97. **Beim Flaschen-Reinigen**
wenden Sie einmal dieses neue Mittel an: man spült die Flasche zunächst aus, füllt sie dann halb mit Wasser und tut eine Handvoll Kohlenstaub hinein. Hierauf kräftig schütteln. Nachspülen. Sie ist dann vollständig sauber und zugleich geruchfrei.

98. Rostige Eisenteile von Öfen oder Herden
reibt man mit heißem Öl ab.

99. **Kupfergeschirr wird sehr schön blank**
durch Abscheuern mit Buttermilch, der man etwas Kochsalz zusetzt.

100. **Wachstuch reinigt man**
mit einem mit Petroleum getränkten Wollappen.

101. **Flaschen luftdicht verschließen.**
Man schneidet den Korken hart am Flaschenkopf ab und taucht diesen in eine Lösung von Gelatine in Essigessenz, die eine dicke, rasch erstarrende Masse bildet.

102. **Innen schwarz gewordene Emailletöpfe**
füllt man mit kaltem Wasser, setzt diesem 1 Teelöffel Soda und 2 Teelöffel Chlor zu, läßt eine Stunde kochen und scheuert mit derselben Brühe aus. Dann sehr gründlich nachspülen!

103. **Alte Kartoffeln werden schmackhafter,**
wenn man zu dem Kochwasser etwas Essig gibt.

104. **Kesselstein – darf nicht sein!**
Kartoffelschalen, eine halbe Stunde im Kessel gekocht, ätzen den angesetzten Kesselstein los.

105. **Flaschen-Glasstöpsel und Karaffen-Glasstöpsel**
setzen sich nicht fest nach leichtem Einreiben mit Öl.

106. **Wie bewahrt man Wintervorräte auf?**
Äpfel und Birnen legt man auf Holzstellagen mit Rand im Keller, Stiele nach oben, mit so viel Abstand, daß sich die einzelnen Früchte nicht berühren.

107. **Blaue Pflaumen halten sich monatelang,**
in eine luftige Bodenkammer lose auf Backbretter geschüttet.

108. **Kirschen bleiben bis Weihnachten frisch,**
wenn sie nicht mit der Hand berührt wurden (mit Handschuhen pflücken!), in neuen Steintöpfen, die mit Schweinsblasen zugebunden werden.

109. **An Weintrauben versiegelt man die Stiel-Enden**
und hängt die Trauben an trockener, luftiger Stelle auf.

110. **Tomaten**
legt man einzeln auf Backbretter in die Bodenkammer.

111. **Die unreifen Tomaten**
reißt man im Herbst mit den ganzen Stauden heraus, bindet sie mit den Wurzeln zusammen und hängt sie in Zugluft. Sie reifen nach.

112. **Zitronen**
wickelt man einzeln in feines Papier und legt sie in trockenen Sand, wobei keine Frucht die andere berühren darf.

113. **Anderes Obst**
muß trocken und kühl gelagert werden, und zwar in keinem Raum, in dem sich auch Kartoffeln, Gemüse oder gärende Getränke befinden. Anfangs gut lüften! Bei stärkerem Frost kann man das Obst auf Stroh legen: auf keinen Fall aber mit Stroh bedecken!

114. **Reife, aber getrocknete Walnüsse**
werden auf eine dicke Lage weißen Sand in einen Steintopf gepackt, mit Sand bedeckt und im Keller aufbewahrt.

115. **Kartoffeln**
werden im Keller auf die Erde geschüttet. In Jahren, in denen sie zur Fäulnis neigen, wird lagenweise Holzkohlenstaub dazwischengestreut. Bei großer Kälte mit Stroh oder Heu überdecken, das bei milderer Witterung sofort entfernt wird.

116. **Weiße Rüben**
schichtet man in trockenem Sand in einer Tonne ein.

117. **Alle Kohlkopfarten halten sich länger,**
wenn man sie nach Entfernung der beschädigten Außenblätter mit frischer Schnittfläche in eine dicke Lage weißen Sand im luftigen Keller einsetzt

118. **Größere Brotvorräte auf dem Lande**
können auf folgende Weise bis zu 4-6 Wochen frisch und schimmelfrei erhalten werden. Man hängt sie gleich vom Backofen weg in einem noch mehligen Mehlsack im Keller auf, Oberrinde gegen Oberrinde. Einen Tag vor Gebrauch wird das Brot abgebürstet und lose so in den Keller gelegt.

119. **Eier bleiben über ein Jahr lang frisch.**
Je 3-5 Eier hängt man in einem Netz 4-5 Sekunden lang in kochendes Wasser. Die Hitze macht das Häutchen in der Schale luftdicht. In Kiste lagenweise in Häcksel aufbewahren!

120. **Eier-Frischhaltung für den Hausgebrauch.**
Die Eier werden sorgfältig mit Kollodium bestrichen, das zu einem Häutchen eintrocknet und die Poren luftdicht schließt.

121. **Kalkeier lassen sich gut kochen,**
wenn man in die Spitze ein kleines Loch sticht und sie kalt aufsetzt. Von frischen dann kaum zu unterscheiden.

122. **Mehlwürmer und Maden**
in Mehl und Gemüse verhütet Beigabe von Salz.

123. **Ohrwürmer tauchen auf.**
Man fängt sie in umgestülpten, mit Heu oder Holzwolle gefüllten Blumentöpfen. Morgens liest man sie ab.

124. **Frische Petersilie**
kann man, abgewaschen und getrocknet, für den Winter aufheben.

125. **Speisekammer ohne Fliegen**
hat man, wenn man ein blaues Papier vors Fenster spannt.

126. **Giftfreies Fliegenpapier.**
Gemahlener schwarzer Pfeffer wird mit Sirup zu streichbarem Teig vermengt, auf Löschpapier gestrichen, bis dieses durchtränkt ist, und mit Wasser angefeuchtet auf Teller gelegt.

127. **Fliegenteller selbst herstellen.**
Bieruntersätze werden mit einer Abkochung von Quassia- oder Fliegenholz getränkt, der man etwas Zucker zufügt. Teller trocknen lassen und beim Auslegen mit Wasser oder Bierresten anfeuchten.

Und jetzt: die Große Wäsche!

(Ein Wink außer der Reihe:) Ein vorzügliches Bleichmittel für Wäsche ist eine Mischung aus gleichen Teilen 96%igem Spiritus und bestem Terpentinöl. (Bei Nichtgebrauch verschließen.) 1 Eßlöffel hiervon gibt man in ca. 25 Liter Blau- oder Spülwasser und spült die Wäsche dann wie üblich nach. Das Mittel bleicht prachtvoll, ohne die Fasern anzugreifen. (Unverdünnt benutzt man es auch gegen hartnäckige Öl- und Harzflecke.)

128. **Ein vorzügliches Waschpulver**
sind gewöhnliche Roßkastanien wegen ihres Saponingehaltes. Sie werden zuerst geschält, dann gerieben, hierauf getrocknet und schließlich zu einem möglichst feinen Pulver vermahlen.

129. **Weiße Wäsche erzielt man**
durch etwas Benzin-Zusatz zum Einweich- und zum Kochwasser.

130. **Waschen im Winter.**
Der eingeweichten Stärke muß vor dem Verquirlen in heißem Wasser etwas Salz beigemengt werden, sonst scheidet der Frost sie aus der Wäsche aus.

131. **Keine wundgeriebenen Hände beim Waschen mehr,**
wenn Sie die Handrücken 1-2 Tage vor der Wäsche mit einer schwachen Lösung von Siegellack und Weingeist einreiben.

132. **Leinen, das vom Liegen gelb geworden ist,**
wird wieder rein weiß, wenn man es vor der Wäsche eine Nacht in kaltem Wasser weicht, dem man auf je 1 Liter Wasser einen Eßlöffel gereinigten Weingeist beigemischt hat.

133. **Gelb gewordener Flanell wird wieder weiß,**
wenn man ihn in eine Ammoniaklösung legt. Gut nachspülen!

134. **Weiße Flanellhemden**
wäscht man in lauwarmem Wasser mit etwas Salmiakgeist-Zusatz.

135. **Seidene Unterwäsche und Strümpfe werden wie neu,** wenn man sie in einer lauwarmen Abkochung von Efeublättern wäscht. Nachspülen am besten in Salzwasser mit etwas Essig.

136. **Schwarze Seide im Glanz erhalten.**
Man wäscht sie nicht in Wasser, sondern in Tee.

137. **Weiße Spitzen werden schön steif,**
wenn man sie vor dem Bügeln mit abgekochter Milch anfeuchtet.

138. **Glätten ohne Plätten.**
Seidene Taschentücher, Bänder, Spitzen usw. streicht man nach dem Waschen glatt auf eine Glas- oder Marmorplatte (Waschtisch), naß. Nach dem Trocknen sind sie wie gebügelt.

139. **Kunstseide darf immer nur feucht und von links,**
und zwar nur mit mäßig heißem Eisen gebügelt werden.

140. **Gestärkte Wäsche stets in warmem Wasser einweichen,**
damit die alte Stärke aufgelöst wird. Andernfalls vergilbt die Wäsche leicht und wird auch brüchig.

141. **Stärkewäsche wird sehr schön glatt und gutaussehend,**
wenn man auf 1 Liter Stärke einen Teelöffel weißes Terpentinöl gibt. Die Wäsche klebt dann auch nicht am Bügeleisen.

142. **Schleier wäscht man nicht in Wasser.**
Nur in Spiritus ausdrücken und bis zum Trocknen schleudern!

143. **Wollene Sachen laufen nicht ein**
bei der Wäsche, wenn man nur lauwarmes Wasser nimmt und etwas Salmiakgeist oder Borax zusetzt. Seife nicht verwenden!

144. **Neue wollene Strümpfe bewahrt man vorm Einlaufen,**
indem man sie vor dem ersten Anziehen mit einem nassen Tuch bedeckt und mit heißem Eisen so lange bügelt, bis das Tuch vollständig trocken ist.

145. **Das Einlaufen von Strickwolle**
vermindert man sehr, wenn man sie vor Verwendung in heißes Wasser legt und naß zum Trocknen aufhängt.

146. **Bunte Stickereien bügeln.**
Auf die linke Seite der Stickerei wird ein weißes, mit Essigwasser befeuchtetes Tuch gelegt und heiß überbügelt, bis es trocken ist. Nur so färben die Farben nicht ab.

147. **Cachenez richtig waschen.**
Einige Kartoffeln werden geschält, gerieben und durch ein Tuch gepreßt. Dem erhaltenen Kartoffelwasser mengt man nur 2 Liter frisches Wasser bei und wäscht darin die Cachenez. So verlieren sie nichts an Farbe und nichts am feinen Seidenglanz.

148. **Wollene Schals und wollene Halstücher**
werden nicht naß gewaschen, sondern trocken mit Weizenmehl ausgerieben, bis der Schal tadellos sauber bleibt.

149. **Crepe de Chine wäscht man**
nur durch Hin- und Herfegen in lauwarmem Seifenwasser-Schaum. Crepe de Chine niemals auswringen, sondern nur leicht ausdrücken! Bügeln: nur von links, zwischen Seidenpapier gelegt!

150. **Spitzen, die man waschen will,**
wickelt man um Flaschen und schwenkt diese in handwarmer Seifenlauge hin und her. Dann in klarem Wasser nachspülen.

151. **Der feuchten Spitze gibt man Appretur,** indem man sie in dünnes Zuckerwasser taucht.

152. **Wasser, in dem Reis gekocht wurde,** ist wegen seines Stärkegehaltes im Haushalt sehr wertvoll. Man stärkt in ihm ohne jeden Stärkezusatz Gardinen, seine Wäsche.

153. **Seidene Kleidungs- und Wäschestücke** werden wunderbar glänzend, wenn man sie nach dem Waschen in Reiswasser legt und hierin gut durchspült. Sie sind dann nicht mehr auszuwringen.

154. **Schnee als Fleckenreiniger.** Das gewaschene, aber nicht gespülte, jedoch ausgewrungene Stück wird bei Tauwetter auf reinen Schnee gelegt und mit solchem überdeckt. Nachdem der Schnee durchgeschmolzen ist, wäscht man es nochmals. Die Flecke hat der Schnee entfernt.

155. **Braun färben.** Durch Auslaugen von grünen Walnußschalen in kaltem oder warmem Wasser erhält man eine braune Beize, welche Garne oder Stoffe, einige Zeit hineinlegt, schön braun färbt (unverwüstlich).

156. **Schöne violette Färbung** von Leinen, Wolle und anderen Stoffen erzielt man durch Tränken in Heidelbeersaft.

157. **Unerwünschte Falten**
verschwinden aus dem Kleid, wenn Sie es über Nacht über die dampfende Badewanne hängen.

158. **Zum Stopfen kleiner Löcher in Kleidern**
nimmt man herausgezogene Fäden aus dem gleichen Stoff.

159. **Beim Waschen von Voile-Kleidern**
und -Gardinen soll man immer etwas Zucker in das letzte Spülwasser tun. Die Stoffe werden dann wie neu.

160. **Seidene Blusen zu Hause waschen?**
Sie können sich ruhig daran wagen. Sie baden die Bluse in Benzin oder Spiritus, in eine Waschschüssel geschüttet. Nur leicht ausdrücken, wenig reiben, dann über einem Bügel trocknen lassen. Nachbügeln ist oft nicht erforderlich. Vorsicht wegen der leicht entzündlichen Benzin- oder Spiritusdämpfe!

161. **Kleid nach dem Waschen unsauber?**
Es liegt fast immer am Spülen. Alle Seifenteilchen müssen heraus. Erst einmal heiß und dann genügend oft kalt spülen!

162. **Auch »fast« echte Farben können abfärben!**
Daher niemals helle und farbige Sommerkleider im Winter durcheinandergelegt aufbewahren!

163. **Badeanzüge,**
die in der See (Salzwasser) benutzt wurden, legt man nach Urlaubsende einen Tag in öfter gewechseltes Leitungswasser, sonst zerfrißt das Salz den Anzug mehr oder weniger.

164. **Zerdrückte Samtkleider frischt man auf**
durch Abreiben der Samtseite mit Petroleum. Gut auslüften!

165. **Flecke auf dem Gummimantel**
werden nicht mit Benzin oder Terpentin abgerieben, was keinerlei Erfolg hätte, sondern mit Tetrachlorkohlenstoff.

166. **Risse in Gummimänteln**
überklebt man von links mit Gummistoff, nachdem man die Umgebung mit Sandpapier aufgerauht hat.

167. **Durchstoßene Saum- und Ärmelkanten**
am Gummimantel kann man verkürzen, indem man etwas abschneidet, 1 cm umschlägt, festklebt und beschwert.

168. **Verdrückter Gummimantel**
wird auf einen ungefärbten Bügel gehängt, mit der Gießkanne oder unter der Badewannen-Brause gründlich überbraust und im Schatten langsam ohne Anwendung von Wärme getrocknet.

169. **Stoffe wasserdicht machen.**
In heißem Wasser löst man unter gutem Umrühren 125 gr Bleizucker und 125 gr Alaun, gießt die Mischung in eine Wanne mit lauwarmem Wasser und rührt wieder gut. In dieser Brühe weicht man die Stoffe 24 Stunden lang ein und hängt sie dann unausgewrungen zum Trocknen auf.

170. **Wasserdichtes Stiefelfett.**
Bei Seeleuten allgemein im Gebrauch ist: 100 gr Leinöl werden mit 10 gr harzsaurem Mangan gekocht; in die noch heiße Lösung verrührt man weiter bis zur vollständigen Schmelzung: 50 gr Hammelfett, 20 gr Bienenwachs und 12 gr Kolophonium.

171. **Straßenschuhe wasserdicht machen.**
In eine halb mit Benzin gefüllte Flasche bringt man so viel feingeschnittenes weißes Paraffin, wie sich auflöst. Mit dieser gesättigten Paraffinlösung bestreicht man mit feinem Pinsel Oberleder, Nähte und Fugen der Schuhe, bis keine Flüssigkeit mehr aufgesaugt wird.

172. **Lackschuhe im Winter**
vorm Anziehen leicht anwärmen! Der Lack springt dann nicht.

173. **Lackschuhe putzt man,**
wenn kein Spezialmittel zur Hand, mit Öl oder mit Milch.

174. **Atlas- und Brokatschuhe**
putzt man mit einem Brei aus Benzin und Magnesia.

175. **Weiße Stoffschuhe werden ganz sauber**
durch Putzen mit einem Brei aus Milch und Kreidepulver.

176. **Pelze dürfen nicht**
oft gebürstet werden, da die Haare sonst brechen. Ausschütteln und mit weitem Kamm kämmen!

177. **Helle Filzhüte gewinnen neues Aussehen**
durch Reiben mit zerknülltem weißem Seidenpapier.

178. **Glacéhandschuhe reinigen.**
Man zieht sie an und reinigt sie mit Benzin mit Watte.

179. **Wildlederhandschuhe werden gründlich gewaschen**
in lauwarmem Seifenwasser, dem man etwas Salmiakgeist und Stearinsäure zusetzt. Gut vermischen! Im Luftzug trocknen!

180. **Grau und farblos gewordene Regenschirme**
werden mit Spiritus gebürstet, worauf sie wieder dunkel und seidig schimmern.

181. **Seidene und kunstseidene Schirme**
dürfen nie ganz zum Trocknen aufgespannt werden, da sonst der nasse Stoff zu sehr gedehnt wird und später reißt.

182. **Flecke im Schirm**
betupft man mit reichlich Salmiakwasser und spült gut nach.

183. **Fleckenwasser für Anzüge, Mäntel usw. selbst herstellen.**
Man mischt gleiche Teile Salmiakgeist, Seifenspiritus, Brennspiritus und Tetrachlorkohlenstoff (alles in der Drogerie erhältlich). Sehr wirksam! Vor Gebrauch umschütteln!

184. **Das ausgesessene Rohrgeflecht der Stühle**
wird wieder straff, wenn man den Stuhl stürzt, das Rohr mit heißem Wasser mit etwas Essig-Zusatz ganz durchtränkt, gut nachspült und in Luft und Sonne trocknen läßt.

185. **Die Nähmaschine darf nie**
in feuchtem Raum stehen oder zu oft vom Kalten ins Warme gebracht werden oder umgekehrt; sonst verziehen sich die Teile.

186. **Beim Nähen sehr dicker Stoffe mit der Maschine,** die Nadel mit Seife einreiben, um Nadelbruch zu vermeiden!

187. **Der Wunderknäuel.**
Beim Verschenken von Strick- oder Häkelwolle wickle man die Wolle zu einem Riesenkäuel auf und wickle kleine Überraschungen hinein, z. B. stanniolumhüllte Süßigkeiten, Parfüm usw., die später während des Strickens dann allmählich zutagetreten.

188. **Matratzen**
reinigt man mit einer in Benzin getauchten Bürste.

189. **Reinigung von Teppichen.**
Man tränkt Sägespäne mit Benzin und reibt den ausgeklopften Teppich so lange ab, bis die Sägespäne sauber bleiben.

190. **Kleine Teppiche im Sommer reinigen.**
Am besten werden sie, wenn man sie nach dem Ausklopfen über kurzgeschorenen feuchten Rasen zieht.

191. **Im Winter reinigt man kleine Teppiche,**
indem man reinen Schnee über sie kehrt, den man nach einiger Zeit abbürstet.

192. **Wäsche wird vor dem Vergilben geschützt,**
wenn man sie in blauem Packpapier aufbewahrt.

193. **Bildung von Flecken-Rändern**
nach Behandlung mit Benzin verhütet man, indem man die Stelle sofort in der Sonne oder am Ofen trocknet.

194. **Der Orangenball. Ein köstliches Parfüm**
für Wäsche und Kleider stellt man sich selbst her, indem man eine Apfelsine dicht mit Gewürznelken besteckt (tief hineinstecken, darauf achten, daß der Saft nicht ausläuft)! Dieser Gewürzball, den man in einem Netz aufhängen kann, teilt seinen köstlichen Duft allen naheliegenden Stoffen mit.

195. **Richtiges Reinigen von Herren-Anzügen.**
Zunächst wird der Anzug durch Klopfen und Bürsten vom Staub befreit, dann flach auf dem Tisch gelegt und mit verdünntem Salmiakgeist mit Kochsalz gebürstet. (Den Stoff hierbei nicht zu naß machen!) Zum Schluß zum Austrocknen ins Freie hängen.

196. **Seide oder Strümpfe, die sich als nicht farbecht erweisen,**
kann man farbecht machen, indem man sie nur kurz in Essigwasser wäscht, dem einige Efeublätter beigegeben sind. Dann in Salzwasser nachspülen!

197. **Selbstgefärbte Stoffe**
färben bekanntlich leicht ab. Man macht sie waschecht durch Einweichen über Nacht in Milch. Gut kalt nachspülen!

198. **Eingefressene Flecke in Lederhosen?**
Schwierig. Aber versuchen Sie es mit Zitronensaft.

199. **Bettfedern gründlich reinigen.**
Man weicht sie 3-4 Tage in schwacher Lösung von kohlensaurem Natron in Wasser ein. Dann gut abtropfen lassen, in reinem Wasser nachwaschen und auf Netzen oder Sieben trocknen.

200. **Feuchte Schuhe und Stiefel werden sehr schnell trocken,**
wenn man sie mit heißer Kleie oder heißen Erbsen füllt.

201. **Stärkewäsche glänzt bestimmt,**
wenn zu der angerührten Masse ein Stückchen Butter kommt.

202. **Wenn Sie etwas Derbes nähen,**
wie Leder, Läuferstoffe, Gamaschen, Filz, dann den Faden mit Paraffin einwachsen. Die Naht wird dreifach haltbarer.

203. **Schmutzig gewordene Filzhüte**
werden mit Salmiakgeist, zur Hälfte mit Wasser verdünnt, gereinigt. Die Form des Hutes leidet dabei nicht.

204. **Gardinen fangen kein Feuer,**
wenn Sie sie nach dem Waschen in einer schwachen Lösung von Ammoniakphosphat tränken. Wenig ausgewrungen trocknen lassen.

205. **Die beste Mottenfalle**
ist eine Pappschachtel mit Deckel, an deren Seiten einige Fluglöcher (2-3 cm Durchmesser) eingeschnitten sind. Hinein legt man Wollstoffreste, die nachts die Motten anlocken. Erfolg: erstaunlich. Den Inhalt wöchentlich kurz auskochen, so daß die Motten mit Brut getötet werden, und wieder verwenden.

206. **Ein unauffälliges Mottenmittel:**
Terpentinöl in die Kästen bringen!

207. **Pelze bleiben im Sommer von Motten frei,**
wenn Sie gepulverten Alaun hineinstreuen. (Leicht entfernbar.)

208. **Kleider und Anzüge werden angenehm eingemottet,**
indem man kleine Stücke Panamarinde in die Taschen legt.

209. **Naphtalingeruch aus eingemotteten Sachen entfernen.**
Das Verkehrteste, was man tun kann, ist, die Kleider usw. nach Herausnehmen aus der Mottenkiste in die frische Luft zu hängen, denn Naphtalin ist eine Kohlenwasserstoffverbindung, die gerade in der Wärme am flüchtigsten ist. Richtig also: die Sachen an den Öfen hängen!

210. **Leder- und Riemenschmiere. (Tadellos.)**
100 gr Schweinefett, 100 gr Palmöl, 200 gr Rizinusöl und 100 gr gelbes Parafinwachs auf mäßigem Feuer zusammenschmelzen.

211. **Wäscheleinen öfter reinigen, spart späteren Ärger.**
Am besten: Leine um ein sauberes Brett wickeln und Abschrubben.

Der Fleck muß weg!

212. **Leichtere Flecke der meisten Art**
verschwinden aus Woll- und anderen Stoffen durch Baden in warmem oder erkaltetem Wasser, in welchem weiße Bohnen (kalt angesetzt, ohne Salz) gekocht wurden.

213. **Stockflecke aus Wäsche**
werden durch Eintauchen in Essig entfernt.

214. **Ganz alte Stockflecke:**
Einlegen in Buttermilch; besonders hartnäckige Fälle: öfteres Betupfen mit verdünntem Salmiakgeist.

215. **Helle Obst- und Saftflecke aus Tischzeug**
entfernt man leicht, indem man kochendes Wasser aus ziemlicher Höhe in dünnem Strahl über den Fleck gießt.

216. **Helle Obft- und Saftflecke: alle schwierigeren Fälle**
behandelt man mit Wasserstoffsuperoxyd mit etwas Salmiakgeist.

217. **Teerflecke in weißen und farbigen Stoffen**
werden mit Eigelb bedeckt und nach einigen Stunden mit Wasser warm ausgewaschen.

218. **Jodflecke ans der Wäsche.**
Mit einer Lösung von übermangansaurem Kali behandeln, hierauf mit Essig, dann mit Wasser gut nachwaschen.

219. **Jodflecke von den Händen**
entfernt man mit Salmiakgeist.

220. **Sengflecke vom Plätten**
verschwinden schnell, wenn man sie tüchtig mit reinem Zwiebelsaft einreibt und sorgfältig mit kaltem Wasser nachwäscht.

221. **Brandflecke in der Wäsche.**
Betupfen mit einer Lösung aus 1 Teil Chlorkalk in 9 Teilen Wasser mit Wattebausch. Gestärkte Stücke vorher entstärken! Die Chlorkalklösung in heißem Wasser gut wieder auswaschen!

222. Leichtere Kakao-, Kaffee- und Schokoladenflecke.
Einweichen, mit verdünntem Glyzerin auswaschen.

223. **Hartnäckige Kakao-, Kaffee- und Schokoladenflecke**
entfernt Ammoniak sofort. Vorher etwas einweichen. Nachspülen.

224. Blutflecke in Seidenstoffen werden mit Spiritus entfernt.

225. **Blutflecke in allen anderen Stoffen.**
In reinem Wasser genügend einweichen, dann mit starker Sodalösung oder Kalkmasser auswaschen. Lauwarm gut nachspülen.

226. **Eigelb,**
das sehr schnell erhärtet, wird zuerst mit Glyzerin erweicht, dann in lauwarmem Seifenspiritus ausgewaschen. Zur Vertilgung der letzten Spur dann noch Nachreibung mit feuchtem Salz.

227. **Eierflecke auf silbernen Löffeln**
werden mit angefeuchtetem Salz entfernt. Sehr gut nachspülen!

228. **Parfümflecke**
reibt man mit erwärmtem Glyzerin aus.

229. **Grasflecke**
werden zuerst mit etwas Butter eingerieben, dann mit Seife und kochendem Wasser herausgewaschen.

230. **Fettflecke in derberen Stoffen**
werden mit einer Salmiaklösung ausgerieben.

231. **Fettflecke in empfindlicheren Stoffen:**
mit Terpentin oder mit einem Brei aus Benzin und Kartoffelmehl ausreiben, dann auskochen.

232. **Fettflecke im Seidenkleid bei Tisch**
mildert man sofort durch Ausreiben mit Weißbrotkrumen.

233. **Ein einfaches, schnellwirkendes Mittel gegen Fettflecke**
ist Pfeifenerde (in der Drogerie erhältlich), mit der Sie den Fleck vollständig bedecken müssen. Der Fettfleck ist verschwunden, wenn Sie nach fünf Minuten die Pfeifeneide mit reinem Tuch wegreiben.

234. **Rußflecke nie feucht auswaschen!**
Dick mit Salz bestreuen, warten, dann ausbürsten!

235. **Frische Likörflecke**
verschwinden schnell, wenn bald in heißes Wasser gebracht.

236. **Alte Likörflecke.**
Mit verdünntem Spiritus ausreiben, mit Wasserstoffsuperoxyd mit etwas Salmiakgeist-Zusatz den Rückstand entfernen!

237. **Zuckerflecke**
mit abgekochtem lauwarmem Wasser bis Verschwinden ausreiben

238. **Ölflecke (je nach Art)**
entfernt fast immer Waschbenzin, sonst Tetrachlorkohlenstoff.

239. **Frische Rotweinflecke**
werden einige Zeit mit Salz bestreut und dann ausgewaschen.

240. **Alte Rotweinflecke.**
Mit Schmierseife einreiben, warm auswaschen, mit verdünntem Wasserstoffsuperoxyd nachreiben, in reinem Wasser spülen.

241. Frische Kirsch-, Himbeer- und Fruchtsaft-Flecke.
Mit Zitronensaft einreiben, dann auswaschen.

242. **Alte Kirsch-, Himbeer-, Fruchtsaft-Flecke.**
In heißer Milch einweichen, mit Mischung aus Wasserstoffsuperoxyd und Salmiakgeist ausreiben, reichlich nachspülen.

243. **Blaubeerflecke (Heidelbeerflecke).**
Längere Zeit in saure Milch legen, dann lauwarm auswaschen.

244. **Frische Erdbeerflecke**
entfernt eine Boraxlösung.

245. **Ältere Erdbeerflecke**
entfernt Boraxlösung mit Zusatz von Salmiakgeist.

246. **Wäscheklammer-Flecke in der Wäsche**
sind oft sehr hartnäckig. Man weicht sie 24 Stunden lang in einer Lösung von 1 Eßlöffel Weinsteinsäure in einem Liter Wasser und spült gründlich mit klarem Wasser nach.

247. **Waschblau-Flecke**
beseitigt man durch Einweichen in Essigwasser.

248. **Pech-Flecke**
weicht man in Petroleum ein und wäscht sie in Benzin nach.

249. **Petroleum-Flecke**
bestreicht man mit einem Brei aus Benzin und Schlemmkreide und bürstet diesen nach vollständigem Trocknen weg.

250. **Rostflecke leichter Art in Wäsche**
werden mit Zitronensaft betupft; hierauf heiß überbügeln.

251. **Hartnäckige Rostflecke aus Wäsche entfernt Kleesalz,**
in warmem Wasser gelöst. Giftig! Gut mit Seife nachwaschen!

252. **Frische Tintenflecke.**
In heißem Salzwasser waschen, mit Spiritus nachbehandeln.

253. **Alte Tintenflecke werden, mit Oxalsäure bestreut,**
in braune Flecke verwandelt, die mit Wasser auszuwaschen sind.

254. **Ölfarbenflecke an Kleidern, noch nicht eingefressen,**
sind meist noch durch Betupfen mit Benzin entferntbar.

255. **Eingefressene Ölfarbenflecke mehrmals behandeln:**
mit einem Gemisch aus 2 Teilen Salmiakgeist, 1 Teil Terpentinöl.

256. **Schuhputzflecke**
werden mit Terpentinöl beseitigt.

257. **Schweißflecke aus weißen Stoffen entfernt**
eine Mischung aus gleichen Teilen Salmiakgeist und Alkohol.

258. **Schweißflecke aus bunten Stoffen**
werden mit Essigwasser ausgewaschen.

259. **Harzflecke reibt man mit Wasser und Terpentinöl ein,**
legt ein Löschblatt darüber und bügelt die Flecke aus.

260. **Schwere Bierflecke**
beseitigt Seifenspiritus.

261. **Teeflecke.**
Mit warmem Wasser mit Glyzerin-Zusatz auswaschen.

262. **Frische Milch- und Soßenflecke**
entfernt verdünnter Seifenspiritus.

263. Ältere eingefressene Milch- und Soßenflecke:
Heißes Wasser mit reichlich Salmiak-Zusatz.

264. **Kopier- und Tintenstiftflecke**
betupft man mit erwärmtem Spiritus.

265. Wasserflecke auf Mänteln und Kleidern (Regenflecke)
werden mit feuchtem Tuch belegt und überbügelt.

266. **Stearin- und Wachsflecke werden zunächst abgekratzt,**
dann zwischen weiße Löschpapiere gelegt und heiß ausgebügelt.

267. **Nußschalenflecke**
in warmem Wasser einweichen, mit heißem Essig auswaschen.

268. **Schwierige Flecke auf Korbmöbeln**
werden mit Mentholspiritus entfernt.

269. **Fettflecke auf braunen Schuhen reibt man aus**
mit heißem Wasser, in dem Hirschhornsalz gelöst ist.

270. »Malerflecke« auf dem Fußboden (Kalk-, Farbenflecke)

werden mit verdünntem Essig schnell entfernt.

271. **Mostrichflecke**

werden in warmem Sodawasser ausgewaschen.

272. **Der »Blaubeer-Mund« nach dem Blaubeerpflücken**

und die blauen Zähne sind im Nu entfernt durch Zitronensaft.

273. **Und woher ist dieser Fleck?**

Verdächtige Flecke unbekannter Ursache behandelt man am richtigsten zunächst mit Tetrachlorkohlenstoff, da er vielseitig und niemals schädlich ist.

Tipps und Tricks für den Haushalt

274. **Ölflaschen reinigen.**
Sägemehl hineintun und Öl aufsaugen lassen. Nachher mit starker Sodalauge spülen!

275. **Besonders gute Holzpolitur.**
Schmelzen Sie in 100 Teilen Kopallack 400 Teile weißes Wachs und setzen Sie 750 Teile Terpentinöl zu.

276. **Gewichte läßt man niemals**
auf der Waage stehen, weil sie dadurch ungenau wird.

277. **Rostige Gitterstäbe säubert man**
mit einer Drahtbürste vom Rost und streicht sie mit warmem Leinöl ein. (Dann kann Ölfarbe aufgetragen werden.)

278. **Wanzen von Holzbettstellen fernhalten.**
Die inneren Holzteile mit Ölfarbe streichen!

279. **Wanzen von Metallbettstellen fernhalten.**
Pappstücke mit Ölfarbe bestreichen und unterlegen!

280. **Haben sich Wanzen in einem Zimmer eingenistet,**
das einige Tage unbewohnt bleiben kann, so stelle man flache Schalen mit Salmiakgeist im Zimmer umher und halte dieses mehrere Tage streng verschlossen: die Wanzen gehen zugrunde.

281. **Wanzen in Kleidern und Stoffen?**
Hier hilft nur: gründlich mit sehr heißem Wasser ausreiben!

282. **Gegen Flöhe.**
Man stellt eine Schüssel mit Seifenwasser und einer dünnen Schicht Öl auf, in deren Mitte eine brennende Kerze oder Nachtlicht gestellt wird. Die gegen das Licht springenden Flöhe werden vom Öl festgehalten und durch das Seifenwasser getötet.

283. **Feldzug gegen den Floh in der Wohnung.**
In alle Dielenritzen, Holzritzen jeder Art, unter Schwellen, Fensterbretter usw. gründlich Petroleum an einem Tage pinseln und die Ritzen dann dichten!

284. **Ölgemälde auffrischen.**
Man reibt das abgestaubte Gemälde mit einer halbierten rohen Kartoffel langsam ab und schneidet die schmutzig werdende Scheibe jeweils ab, bis die Kartoffel sauber bleibt. Dann mit feuchtem Schwamm leicht nachwischen und trocknen lassen.

285. **Wer an Ölgemälden Glanz liebt**
und das Bild lange erhalten will, überzieht es mit Firnis.

286. **Billige Feuerung für den Winter.**
Man legt ständig 5 bis 10 Zeitungsbogen in eine Wanne mit kaltem Wasser, bis das Papier ziemlich aufgeweicht ist. Dann wird es ausgewrungen, mit der Hand zu faustgroßen Knäueln gepreßt und an der Luft

getrocknet. Diese Bällchen, in einer Kiste gesammelt, ersetzen im Winter teilweise die Briketts, sie brennen ausgezeichnet. Um Verstopfungen zu vermeiden, verwendet man halb Bällchen, halb Briketts oder anderen Heizstoff.

287. **Metallstempel reinigen.**
Man drückt sie in heißen Siegellack und läßt sie darin stehen bis zum Erkalten. Beim Herausziehen sind sie wie neu.

288. **Kristall und Glas werden wesentlich klarer**
beim Waschen, wenn man etwas Borax ins Wasser tut.

289. **Kristalltannenzapfen als Christbaumschmuck.**
Tauchen Sie reingewaschene Tannenzapfen kurz in eine übersättigte Salzlösung und lassen Sie sie dann trocknen. Sie sind dann mit Kristallen wie mit Reif überzogen.

290. **Blechgeschirr putzt man**
mit einer Mischung aus gesiebter Holzasche und Petroleum.

291. **Schnecken aus Kellerräumen vertreibt man**
durch Ausstreuen von Staßfurter Salz in die Schlupfwinkel.

292. **Maden kommen nicht in den Käse,** wenn man ihn mit Nußbaum- oder Johannisbeerblättern umhüllt.

293. **Richtiges Putzen von Bronzegegenständen.** Man bürstet sie mit Zichorie, die mit etwas Wasser gemischt ist, lüftet sie, spült gut ab und trocknet sie am Ofen.

294. **Wie man Nickelgegenstände putzt.** Zunächst reinigt man sie mit Seifenlauge, dann poliert man mit Schlemmkreide, die mit Brennspiritus benetzt ist.

295. **Rost auf Nickel.** Man bestreicht die Stellen mit einem dicken Öl und reibt nach drei Tagen mit einem mit Salmiakgeist befeuchteten Tuch ab.

296. **Flecke auf Metallgegenständen** entfernt eine dicke Masse aus Zigarrenasche und Petroleum.

297. **Messing läuft nicht mehr an,** wenn man es nach dem Putzen mit Wienerkalk abreibt und dann etwas Zaponlack aufträgt.

298. **Ein vorzügliches Putzwasser für Silbersachen** ist eine Lösung von 1 Teil unterschwefligsaurem Natrium in 4 Teilen Wasser. Die Reinigung erfolgt im Umsehen.

299. **Hat man kein Silberputzmittel zur Hand,** so legt man das Silber einige Minuten in eine Lösung von 1 Liter Wasser, 4 Teelöffeln Salz und 4 Teelöffeln Soda. In Seifenwasser nachwaschen und mit einem Leder polieren.

300. **Die zu laute Flurglocke dämpft man** durch Herumkleben eines dünnen Streifens Löschpapier.

301. **Eine sehr gute flüssige Fleckseife** stellt man sich selbst her. Man schabt gewöhnliche Kernseife und löst die Späne in Salmiakgeist auf, bis die Lösung Sirupdicke hat. Flecke hiermit einreiben, mit Wasser auswaschen!

302. **Schlechter Geruch im Abort auf dem Lande.** Man stellt einen Untersatz mit Chorkalk auf.

303. **Nachtgeschirre reinigen:** Mit Chorkalk oder Lysoform oder Salzsäurelösung.

304. **Karbolineum greift die Haut an,** ebenso seine Ausdünstungen. Schutz hiergegen: Gesicht und Hände mit Butter einreiben.

305. Stark verschmierte Hände reinigt man ausgezeichnet und schnell mit Leinöl und Holzwolle.

306. **Wasserdichten Leim**
erhält man, wenn man gewöhnlichen Tischlerleim mit abgerahmter Milch kocht.

307. **Glas kitten.**
Gelatine wird bei mäßiger Wärme in Essig (noch besser: Essigsäure) gelöst und auf die Bruchstellen aufgetragen. Die Teile dann aneinanderbinden bezw. beschweren, 1 Tag trocknen lassen.

308. **Guter Porzellankitt.**
Gepulverten Bimsstein, Kalk und aufgelösten Tischlerleim zu einem Teig verrühren, Bruchstellen bestreichen, fest zusammendrücken, möglichst zusammenbinden, einen Tag trocknen lassen.

309. **Zerbrochenes Steingut, ferner Marmor kittet man**
mit einem dicken Brei aus Schlemmkleide und Wasserglas.

310. **Beim Kitten von grauem Marmor**
mengt man dieser Mischung etwas gesiebte Holzasche bei.

311. **Zum Kitten von Holz**
ist nur Tischlerleim geeignet, im Wasserbade aufgelöst.

312. **Wachstuch oder Leder auf Holz kleben.**
½ kg Weizenmehl, 2 Liter Wasser und 10 gr Alaun werden zu dickem Brei gerührt. (Wachstuch von der Mitte aus aufkleben!)

313. **Fensterkitt (Glaserkitt)**
. Schlemmkreide mit Leinölfirnis zu dickem Brei anrühren!

314. **Glaserkitt für größeren Bedarf selbst herstellen.**
Man knetet 10 gr Silberglätte, 450 gr Schlemmkreide 450 gr Bleiweiß und 750 gr Leinölfirnis gut zusammen.

315. **Kitt für Horn und Perlmutter (große Bindekraft!)**
Erweichter Tischlerleim wird mit starkem heißem Essig, etwas Alkohol und wenig Alaun gemischt. (In Flasche aufbewahren!)

316. **Gummi an Gummi kittet man**
mit Guttapercha, in Benzin gelöst.

317. **Leder an Leder:**
ebenso, Lösung jedoch dicker machen und dicker auftragen.

318. **Kitten kleiner Teile (Glas, Porzellan u. a.).**
Auf erwärmtem Löffel löst man weiße Gelatine in Essig, fügt einige Körnchen chromsaures Kali zu und

setzt die gekittete Stelle einige Zeit dem Licht aus: sie wird wasser-unlöslich.

319. **Unlösbarer Kleister für alle gröberen Zwecke.**
Gewöhnlicher Leim wird in Wasser aufgeweicht. Ehe er seine Form verliert, löst man ihn auf gelindem Feuer in Leinöl, bis er die Dichtigkeit eines Schleimes erhält.

320. **Feinster dauerhafter Kleister für Papier, Fotos usw.**
In einer Tasse mit heißem Wasser löst man 2 Blatt Gelatine, fügt 1 gr Salizylpulver bei, rührt es mit 1 Eßlöffel Kartoffelmehl, das vorher mit ganz wenig kaltem Wasser angerührt ist, zusammen und kocht die Mischung unter Rühren auf.

321. **Wozu ist hartgewordener alter Käse zu verwenden?**
Als unlöslicher Klebstoff! Man zerstampft ihn, säubert ihn in heißem Wasser, trocknet und pulvert die weiße Masse und bewahrt sie verkorkt auf. Zum Gebrauch wenig Pulver mit wenig Wasser zu Brei kneten. Er löst sich weder in Wasser noch in Hitze.

322. **Ausrutschen in der Badewanne**
kommt nicht vor, wenn man auf den Boden der Wanne ein Frottierhandtuch gelegt hat.

323. **Badewasser soll nicht sofort in heißem Strahl**
in die Wanne schießen, damit die Emaille nicht abspringt.

324. **Luftverbesserung. Verbrennender Zucker**
entwickelt keimtötende Gase und vernichtet üble Gerüche. Daher besonders in Krankenzimmern öfter Zucker verbrennen (indem man ihn auf eine glühende Kohlenschaufel legt)!

325. **Selbsttapezierte Tapete platzt nicht mehr ab,**
wenn man etwas Terpentin in den Stärkekleister rührt.

326. **Spiegel richtig aufhängen!**
Auf keinen Fall grellen Sonnenstrahlen aussetzen, da deren Einwirkung auf das Quecksilber das Glas fleckig macht.

327. **Huch – die Maus! Mäuselöcher im Hause**
muß man mit in Terpentin getränkten Lappen verstopfen.

328. **Die Mäuse gehen und kommen nicht wieder,**
wenn man getrocknete sehr fein gestoßene Oleanderblätter, mit trockenem Sand gemischt, tief in die Mauselöcher streut.

329. **»Todesbissen« für Mäuse in der Speisekammer.**
Von Streichhölzern wird der Phosphor abgeschabt und unter Käsestückchen gemischt, die in der Speisekammer ausgelegt werden.

330. **Bei großer Rattenplage im Keller**
erhält der Keller jedes Frühjahr einen gelben Kalkanstrich. Der Kalkfarbe ist Eisenvitriol beizufügen.

331. **Bei Rattenplage auf dem Lande**
außerdem Eisenvitriolkristalle in alle Ritzen streuen!

332. **Kellerasseln – das unangenehmste Ungeziefer**
(platt, grau, breit, mit den vielen Beinen). Man gießt in eine Flasche einen Teelöffel Weingeist, dreht sie derart, daß die ganze Innenwand bespült wird, und legt sie so nieder, daß die Mündung den Boden berührt und die Asseln bequem hineinkriechen können. Das tun sie und werden betäubt. Man verbrennt sie.

333. **Kellerasseln auf dem Lande:**
Eine Kröte, in den Keller gesetzt, räumt rasch mit ihnen auf.

334. **Fliegen bleiben fern,**
wenn Sie Lorbeeröl in flachen Gefäßen aufstellen.

335. **Wer besonders vorsichtig ist,**
mischt, wenn er Wände, Möbel, Leisten weiß anstreicht, im voraus Lorbeeröl in die Farbe. Die Fliegen reißen später aus.

336. **Fliegen kommen nicht durchs offene Fenster herein,**
wenn Sie Rizinuspflanzen in Töpfen am Fenster aufstellen: allerdings muß das an jedem Fenster erfolgen.

337. **Fliegen- und Mücken-Vernichtung:**
Man stelle auf Tellern eine 10%ige Formollösung auf, die alle zwei Tage erneuert wird!

338. **Verstopfte Ausgüsse, verstopfte Toiletten.**
Man löst ca. 1/2 kg Seifenstein in 2 Litern kochendem Wasser, gießt die Lauge ins Becken und wartet 2 Stunden, bis sie sich durch den Schmutz hindurchfrißt. Dann heiße Sodalösung nachgießen und zuletzt mehrere Minuten kaltes Wasser durchlaufen lassen.

339. **Wo ist der Korkenzieher?**
Ist er nicht auffindbar, so dient als Ersatz eine große Schraube, an deren Kopf ein starker Bindfaden befestigt ist.

340. **Nagelbürsten soll man**
ab und zu in kaltes Essigwasser legen, um die Seifenreste, die die Bürste weich und unbrauchbar machen, zu entfernen.

341. **Wenn die Nachttischuhr oder der Wecker** nachts zu laut ticken: man stülpt ein Glas (z. B. Einmachglas) über die Uhr, und das Geräusch ist verschwunden.

342. **Abgenutzte Eichenmöbel auffrischen.** Man kocht in 1/4 Liter Wasser ein hühnereigroßes Stück Wachs und 1-2 Eßlöffel Zucker, streicht die Mischung mit einem Pinsel auf, läßt sie völlig trocknen und reibt gut nach.

343. **Treppenläufer halten länger,** wenn man 2 bis 3 Schichten Zeitungspapier unter sie legt.

344. **Lackierte oder ölgestrichene Möbel** nicht mit Seifen- oder Sodawasser waschen! Anstrich blättert ab! Man verwendet eine Abkochung von Panamaholz.

345. **Goldsachen, die durch langes Liegen blind wurden,** reibt man mit dem Saft einer Zwiebel ein und läßt sie 1-2 Stunden liegen. Dann mit weichem Lappen abreiben.

346. **Durchlässige Stellen am Regenschirm** sind zu beheben durch Eintauchen in essigsaure Tonerde.

347. **Schwarze Risse, Ruß, Staub an gekalkten Wänden**
entfernt man leicht durch Abreiben mit einem Teig aus Mehl und Wasser (gut durchgeknetet, nicht mehr klebend!). Das Abreiben muß in einer Richtung erfolgen.

348. Schmutzige Zimmerdecken reinigt man auf gleiche Weise,
nur führt man hierbei kreisartige Bewegungen aus.

349. **Auch verstaubte Tapeten**
werden hierdurch wie neu. (In einer Richtung abreiben!)

350. **Zum Scheuern heller Fliesen besonders erprobt:**
1/2 kg billige Schmierseife und 2 Handvoll feine Soda tut man in einen ca. 5 Liter fassenden Steintopf und gießt unter Rühren so viel kochendes Wasser zu, bis der Topf voll ist. Zum Gebrauch eine kleine Menge auf die Fliesen spritzen oder dem heißen Abwaschwasser beimengen. Sehr ergiebig und sparsam.

351. **Einfache Taschenlampe.**
(Erstaunlich.) Man bringt ein Stück Phosphor in ein kleines, reines, am besten aus geschliffenem Glas bestehendes Fläschchen. Sobald der Stöpsel geöffnet wird, leuchtet es.

352. **Wenn die Gardinenringe schwer über die Stange laufen,**
so daß man beim Zuziehen Angst bekommt, daß die ganze Herrlichkeit heruntersaust, dann ist das sofort behoben, wenn Sie die Gardinenstangen und -Schnüre mit Paraffin bestreichen.

353. **Die Schere wird wieder blank.**
Gebrauchte Scheren und Werkzeuge erhalten neuen Glanz, wenn Sie eine Masse aus einer kleinen Tasse Kleie und heißem Wasser unter Zusatz von 1 Löffel Salz und 2 Löffeln Essig bereiten, sie hiermit ordentlich einreiben und mit Wasser nachspülen.

354. **Zelluloidgegenstände kittet man,**
indem man die Bruchflächen einige Zeit in scharfen Essig taucht und sie dann zusammengebunden trocknen läßt.

355. **Eindringen von Motten verhindert man,**
indem man ein Sträußchen Steinklee zwischen die Sachen legt.

356. **Gummiabsätze, -sohlen, Gummischuhe rutschen nicht,**
wenn man sie öfter mit grobem Sandpapier behandelt.

357. **Die Tür klemmt?**
Sie brauchen die Reibeflächen nur mit Paraffin einzuwachsen.

358. **Ziegelstein-Fußboden wird hervorragend sauber,**
wenn Sie dem Aufwaschwasser öfter etwas Salzsäure zusetzen.

359. **Papier wird unverbrennbar,**
wenn Sie es mit einer Lösung wolframsaurer Soda tränken.

360. **Eine Falte im Teppich?**
Nach Abbürsten des Teppichs benetzt man die Falte auf der Rückseite mit Wasser, läßt den Teppich eine Stunde lang glatt liegen und bügelt ihn dann von der Rückseite.

361. **Auf Glas schreiben oder zeichnen.**
Die Schrift wird mit einem Aluminiumgriffel auf das angefeuchtete Glas geritzt.

362. Glas kann man mit der Schere schneiden
unter Wasser (z.B. in einem gefüllten Eimer).

363. Feuchtigkeit in Schränken und Kommoden verschwindet
nach Einlegen eines Mullsäckchens mit Kampfer.

364. **Lampenzylinder werden vor dem Zerspringen geschützt,**
wenn sie der Länge nach mit einem Glaserdiamanten leicht geritzt werden.

365. **Bügeleisen halten die Hitze länger,**
wenn man sie auf einen Ziegelstein stellt statt auf den üblichen Metalluntersatz.

366. **Dickes Leder läßt sich sehr leicht schneiden,**
wenn man es eine Zeitlang in Wasser eingeweicht hat.

367. **Alte Ölfarbe auf Holzmöbeln entfernen.**
Man bepinselt sie mit einer Lösung von einer Messerspitze Pottasche in 6 Eßlöffeln Milch und läßt etwas einwirken.

368. **Auffrischen von Büchern mit Ledereinband.**
Sie werden sorgfältig mit geschlagenem Eiweiß abgerieben.

369. **Stempelkissen, die nur blasse Abdrücke geben,**
müssen nachts umgekehrt hingelegt werden, damit sich die Farbe wieder an der Oberfläche sammelt.

370. **Lebertran und Rizinusöl schmecken angenehm,**
wenn vorher Apfelsinenschale kleingekaut wird.

371. **Verschmutzte Schwämme werden wie neu,**
wenn man sie 24 Stunden in eine Lösung von 125 gr Kochsalz in 1 Liter Wasser legt und sodann in kaltem Wasser ausspült.

372. **Umbiegen der Teppichecken verhindern.**
Man heftet unter die Ecken ein Stück steifer, genau angepaßter Pappe, über die noch etwas Futterleinwand genäht wird.

373. **Braunfärbung der Fingerspitzen**
bei starken Rauchern läßt sich mit Zitronensaft bekämpfen.

374. **Ameisen kriechen die Wände nicht hoch,**
wenn man an den Scheuerleisten entlang Schlemmkreide streut oder einen dicken Kreidestrich zieht.

375. **Ameisen können nicht in den Küchenschrank gelangen,**
wenn Sie dessen Füße in mit Wasser gefüllte kleine Blumentopf-Untersätze stellen.

376. **Grünspan beseitigen. Der grünliche Beschlag**
auf Metallen, eigentlich fälschlich als Grünspan bezeichnet, wird am besten dadurch entfernt, daß man die Stellen über einer Spiritusflamme stark erhitzt und dann abreibt.

377. **Apfelsinenschalen sind vorzüglich zum Reinigen**
von Emaillegefäßen, Ausgüssen, Badewannen und Porzellan.

378. **Den Fußboden undurchdringlich machen.**
Die Dielen mit in Petroleum gelöstem Paraffin bestreichen.

379. **Der Schlüssel dreht sich schwer?**
Sie müssen ihn mit Paraffin einwachsen.

380. **Mattgewordene Kacheln erhalten wieder Glanz**
durch Abreiben mit Zeitungspapier, das mit einer Salmiaklösung getränkt ist.

381. **Soll ein Zimmer desinfiziert werden,**
so wischt man mit Wasser auf, dem Terpentin zugesetzt ist.

382. **Als Zentimetermaß-Ersatz**
fungiert ein Streichholz. Es ist nämlich immer 5 cm lang.

383. **Kämme reinigt man bei weitem am besten**
durch Aufdrücken auf die Borsten einer neuen Schuhbürste.

384. **Brüchigwerden von Kautschuk verhindert man**
durch zeitweiliges Einlegen in eine 3%ige Karbolsäurelösung.

385. **Zu starkes Zudrehen des Leitungshahnes hat Folgen!**
Die Dichtungsscheibe leidet und die Leitung tropft später.

386. **Zum Aufbewahren von Knöpfen, Ösen und anderen**
Dingen, die sich gern irgendwo »verkriechen«, ist eine große Sicherheitsnadel sehr geeignet, in die sie gereiht werden.

387. **Um an Geweihen und Gehörnen die Bräunung**
zu erhalten, bepinselt man sie mit übermangansaurem Kali, das in Wasser aufgelöst ist. Der meist hellere obere Teil der Gehörne und Geweihe bleibt unberührt, weil Bräunung an dieser Stelle oft die Vermutung einer Nachahmung aufkommen läßt.

388. **Um Gehörne und Geweihe vor Wurmstich zu bewahren,**
bürstet man sie mit lauwarmem Wasser ab und überpinselt sie nach Einziehen der Feuchtigkeit mit Petroleum.

389. **Blindgewordene Stellen auf Möbeln, Türen usw.**
beseitigt man durch Einreiben mit einer Mischung aus 1 Teil Leinöl und 1 Teil Zitronenöl (unverdünnt). Gut nachpolieren!

390. **Alten Glaserkitt anfweichen.**
Man bestreicht ihn mit Petroleum oder legt ihn in solches, wenn er los ist. In wenigen Stunden ist er wachsweich.

391. **Sicherung der Flurtür gegen Einbrecher.**
Nehmen Sie einen nicht zu dünnen Draht, 25-35 cm lang, und biegen Sie ihn zu einer Sperrgabel, ähnlich einer Haarnadel. Nun hängen Sie die fertige Sperrgabel über die Klinke und schlingen die beiden Enden um den Ring des Schlüssels, den Sie im Schloß stecken lassen. Es läßt sich jetzt der Schlüssel von außen weder herumdrehen noch herausstoßen. Diese Sicherung gegen Einbrecher ist ideal und kostet nichts.

392. **Bleistiftschrift verwischt nicht,**
wenn man das beschriebene Papier in abgerahmte Milch taucht.

393. **Risse in Linoleum werden gut beseitigt,**
indem man sie mit Hartparaffin ausgießt.

394. **Lack für Korbwaren und Holz.**
Man löst gepulverten Siegellack in Weingeist auf.

395. **Gemauerte Flächen wasserdicht verputzen.**
1 Teil Zement wird mit 2 Teilen Sand gemischt. Der Sand muß ganz trocken sein und aufs innigste mit dem Zement vermengt werden, ehe Wasser zugefügt wird.

396. **Anstrich für feuchte Kellerwände.**
93 Teile Ziegelmehl und 7 Teile Bleiglätte rührt man mit Leinölfirnis zusammen zu einer dicken, gerade noch streichbaren Masse. Der Anstrich wird in drei bis vier Tagen hart und verhindert das Durchdringen von Feuchtigkeit.

397. **Maurerarbeiten sind auch bei Frostwetter**
ausführbar, ohne daß der Mörtel gefriert, wenn man ihn mit lauwarmem Wasser anmacht, in dem kalzinierte Soda aufgelöst ist (auf 12 Liter Wasser 1 kg Soda).

398. **Papier auf Metall Kleben**
kann man gut mit Zwiebelsaft. (Metall vorher abwaschen.)

399. **Angestrichene Fußböden,**
die infolge der Benutzung unansehnlich wurden, darf man nicht mit Seifenwasser scheuern, sondern man nimmt 3 Teile weißen Sand mit 1 Teil gelöschtem Kalk und bürstet sie hiermit mit der Scheuerbürste. Der Fußboden wird wieder schneeweiß.

400. **Wenn Tischkästen oder Kommoden schwer aufgehen,**
dann müssen Sie die Reibflächen mit Paraffin einreiben. Ebenso: Fenster, Schränke. Meist genügt ein Kerzenstummel.

401. **Unangenehmen Geruch im Zimmer nach dem Aufwischen**
vermeidet man durch Zusatz von wenig Terpentinöl zum Wasser.

402. **Mittel gegen sog. »Hausfrauenhände«.**
Bimssteinmehl wird mit Vaselinöl zu dickem Brei angerührt, mit dem die Hände abgerieben werden. Dann mit Seifenwasser nachwaschen und mit Glyzerin einreiben.

403. **Wandbilder an einer Schnur sitzen immer gerade,**
wenn man sie, aufgehängt, einmal um sich selbst dreht.

404. **Billige rote Tinte stellt man sich selbst her**
durch Lösen von Karmin in Salmiakgeist. Filtrieren und im Dunkeln aufbewahren, bis sie nach einigen Monaten ihre volle Schönheit erreicht hat.

405. **Geheimtinte.**
Eine Auflösung von salpetersaurem Kobaltoxyd in Wasser gibt eine unsichtbare Schrift, die bei Erwärmung rot erscheint und bei Erkalten wieder verschwindet.

406. **Geheimtinte (blau erscheinend)**
stellt man her durch Auflösung von Kobaltchlorid in Wasser.

407. **Leuchtende Tinte.**
Man mischt 1 Teil pulverisierten phosphorsauren Kalk mit 1 Teil Leinöl und setzt die Mischung dem Sonnenlicht aus. Sie ergibt eine im Dunkeln leuchtende Schrift.

408. **Topfpflanzen im Zimmer gedeihen üppig,**
wenn man sie mit Wasser begießt, in welchem Tischlerleim mindestens 1 Tag gelegen hat; die vom Wasser gelösten Teile sind die beste Nahrung. Laufend neu aufgießen!

409. **Das Aquarium mit Goldfischen darf niemals**
im grellen Sonnenlicht stehen. Durch Packpapierbogen abblenden!

410. **Herrlicher Rosenduft im Zimmer.**
In eine Flasche stopfen Sie stark duftende Rosenblütenblätter, ohne sie zu zerdrücken, und geben auf jede Schicht etwas Salz. Zuletzt gießen Sie wenig Weingeist hinzu und bewahren die gut verschlossene Flasche an kühlem Ort auf. Um ein Zimmer zu durchduften, stellt man sie geöffnet einige Zeit darin auf.

411. **Wenn sich der Bettvorleger an den Seiten rollt,** so macht man ihn hart durch Bestreichen der Unterseite mit Leim.

412. **Brillengläser laufen nicht an,**
wenn man sie ganz leicht mit Glyzerin oder Seife abreibt.

413. **Seifenreste kann man restlos aufbrauchen,**
wenn man sich ein Säckchen dazu zurechtgenäht hat.

414. **Briefmarken löst man tadellos ab,**
nachdem man den Umschlag von hinten gut befeuchtet hat.

415. **Kerzen sitzen schön fest und gerade**
im Leuchter und Christbaum-Kerzenhalter, wenn man ihren Fuß durch Tauchen in heißes Wasser weich gemacht hat.

416. **Kenntnisse im Putzen – stets von Nutzen.**
Alpakkalöffel werden schön durch Putzen mit Schlemmkreide, die mit Spiritus befeuchtet ist.

417. **Schwarzgewordenes Silber**
putzt man mit einem in Salmiakgeist getauchten Lappen.

418. **Klaviertasten**
reinigt man mit verdünntem Spiritus.

419. **Elfenbein-Gegenstände säubert man**
mit lauwarmem Seifenwasser. Gut abtrocknen!

420. **Gelbgewordene Elfenbeingegenstände werden wie neu,**
wenn man sie in ungelöschten, noch nicht zerfallenen Kalk legt, etwas Wasser darauf gießt und 24 Stunden darin läßt.

421. **Aluminium-Geschirre**
werden mit Essig gereinigt, niemals mit Soda.

422. **Echten Schmuck reinigt man**
mit warmem Seifenwasser mit Zusatz von Salmiakgeist.

423. **Uhrketten:**
Mit trockener Zigarrenasche ausbürsten!

424. **Bernstein wird glänzend,**
wenn man ihn mit Weingeist abreibt und mit Lappen nachpoliert.

425. **Edelsteine mit Kölnisch Wasser reinigen,**
gut nachspülen und auf einem Tuch im warmen Ofen trocknen.

426. **Korallen: vorsichtig in Seifenwasser reinigen**
mit einem Leinenläppchen, dann mit Leder nachpolieren.

427. **Kupferkessel putzen:**
Sehr zweckmäßig mit Sauerkrautbrühe.

428. **Emaille-Eimer**
werden durch Abreiben mit Terpentin vollkommen sauber.

429. **Fliegenschmutz (auch aus Stoffen)**
entfernt lauwarmes Wasser mit etwas Salmiakgeist.

430. **Fliegenschmutz auf Holzpolituren**
wird mit Petroleum oder Fußbodenöl abgerieben.

431. **Fliegenschmutz auf Ölgemälden**
mit einer Zwiebel abreiben, mit lauwarmem Wasser nachwaschen!

432. Flaschen, die stark riechende Flüssigkeiten enthielten,
spült man mit in Wasser gelöstem Senfmehl gut aus.

433. **Schmutzige Gipsfiguren gründlich reinigen.**
In Kalkwasser läßt man etwas Pergamentleim zergehen, bindet die Figur an einen Faden und taucht sie hinein, bis sie recht angezogen hat. Nach dem Trocknen bestreicht man sie mit Wasser, in dem etwas Alaun gelöst ist.

434. **Kinderwagendächer wäscht man**
mit lauwarmer Abkochung von Panamarinde. Nach gründlichem Trocknen mit farbloser Schuhkreme wieder Glanz aufpolieren!

435. **Schrammen auf Möbeln**
reibt man mit einer Mischung aus gleichen Teilen Essig und Öl ab; sie verschwinden bald.

436. **Schwarzer Samt wird wie neu**
durch Abreiben mit einem mit Petroleum angefeuchteten Lappen. Hierauf abbürsten und gut lüften!

437. **Gummischwämme wäscht man**
in heißem Sodawasser mehrmals aus. Gut spülen!

438. **Spiegelflecke müssen schnell entfernt werden:**
mit einem in Kampfer getauchten Flanell-Lappen.

439. **Spiegel- und Bilderrahmen**
werden mit einem nicht fasernden Lappen mit lauwarmem Wasser abgerieben, dem etwas Salmiak beigemischt ist.

440. **Schmutzig gewordene Spielkarten**
nur leicht mit Kölnisch Wasser abreiben und nach dem Trocknen mit wenig Kartoffelmehl wieder glätten.

441. **Polstermöbel werden neu aufgefrischt**
durch öfteres Abbürsten mit Essigwasser.

442. **Polierte Möbel verlieren alle Flecke,**
wenn man sie mit einem Lappen mit Wasser reinigt, in welchem Sauerkraut gewässert wurde. Mit trockenem Lappen nachreiben!

443. **Lackierte Möbel reinigt man**
durch Bestreichen mit in Weingeist gelöstem Schellack. Mit einem Leinenlappen dann gründlich glänzend reiben!

444. **Ledermöbel**
sind nur mit Benzin zu reinigen.

445. **Schleiflackmöbel vorsichtig reinigen!**
Nur mit Seifenwasser in einer Richtung abwaschen.

446. **Gebeizte Möbel**
nur feucht abwischen, dann mit einem Lappen trocken reiben!

447. **Ein sehr gutes Parkettreinigungsmittel**
ist heißes Wasser mit einem Schuß Salmiakgeist. Nicht zu naß arbeiten, immer nur ein kleines Stück bearbeiten, nach dem Bürsten sofort mit Tüchern nachreiben, trocknen lassen, am nächsten Tag tüchtig mit Wachs einreiben!

448. **Tapeten abwaschbar machen.**
(Wichtig im Schlafzimmer beim Waschtisch!) Man mischt 1 Teil Borax, 1 Teil Schellack und 12 Teile Wasser, gießt die Mischung durch ein Tuch und trägt sie mehrmals der Tapete auf.

449. **Frische Fettflecke ans Tapeten entfernen.**
Man legt ein Löschpapier auf und bügelt mit mäßig warmem Bügeleisen darüber. Das Fett wird vom Löschpapier aufgesogen.

450. **Alte Fettflecke aus Tapeten:**
Man streicht einen dicken Brei aus Ton und Wasser auf. Am anderen Tage kratzt man ihn ab und wäscht leicht nach.

451. **Andere Flecke auf Tapeten**
entfernt man mit Benzin mittels eines Wattebauschs.

452. **Empfindliche Tapete reinigt man**
durch Abreiben mit frischem Brot

453. **Vasen reinigt man innen**
mit gesalztem Essigwasser. Gut durchschütteln und nachspülen

454. **Wasserflecke auf Möbeln verschwinden schnell**
durch Abreiben mit Petroleum, ohne daß die Politur leidet.

455. **Stahlgegenstände**
reinigt man am besten mit reinem Essig.

456. **Schlittschuhe mit Rostflecken**
in Petroleum einweichen. Am nächsten Tage mit Salz und feinem Sand einreiben: nötigenfalls wiederholen!

457. **Skier im Sommer**
bewahrt man an kühler, nicht feuchter Stelle auf. Die Gleitflächen reibt man öfter mit Fichtennadelteer ein und läßt in der Sonne einbrennen.

458. **Nußbaum-Möbel reinigt man**
nach dem Abstauben mit frischer Milch und reibt gut nach.

459. Dunkle Flecke auf Nickeltabletts verschwinden sofort
durch Überreiben mit angefeuchteter Zigarrenasche.

460. **Linoleum richtig behandeln. Bitte merken:**
Linoleum warm vorwaschen, kalt nachwaschen, schwach bohnern!

461. **Beim Kauf von Linoleum wichtig:**
Gemusterte Sorten kaufen, da Flecke auf diesen unauffällig

462. **Linolem ohne Musterung**
mit feinem Sandpapier sauberreiben, mit Leinöl nachreiben!

463. **Flecke (auch Tintenflecke) auf Marmor**
entfernt man mit einem Radiergummi (möglichst Tintengummi).

464. **Marmor frischt man auf**
mit einer Paste aus irgendeinem Putzpulver und Zitronensaft. Dann mit Wasser und Seife nachbehandeln und nachspülen!

465. **Kronleuchter aus Bronze**
reinigt man mit heißer Zichorienbrühe.

466. **Kokosläufer bürstet man**
mit Sodawasser. Schrägstehend trocknen lassen.

467. **Geölten Holzfußboden scheuert man**
mit warmer Sodalösung ab und spült mit klarem Wasser nach. Nach jeder dritten Reinigung mit etwas Leinölfirnis nachölen!

468. **Goldborten werden gereinigt**
durch Abreiben mit einer Zwiebel. Hierauf nachzuspülen.

469. **Risse und Löcher an Wänden und Fußboden**
in Nebenräumen füllt man praktisch mit Brei aus aufgeweichten Zeitungen aus, vermischt mit geschmolzenem Tischlerleim.

470. **Schutz des Holzes gegen Wurmfraß, Pilzbildung,**
Schwamm. Die Hölzer werden in eine gemauerte Grube gelegt, die mit Wasser gefüllt wird. Dann wird ungelöschter Kalk hineingeworfen, durch Umrühren gelöscht und gleichmäßig verteilt. Man läßt das Holz 2 - 3 Monate in diesem Bade liegen.

471. **Helle Flecke auf Fußböden,**
die durch Wasserpfützen entstanden sind, lassen sich durch mehrmaliges Aufwischen mit Essig beseitigen.

472. **Fettflecke auf Mattglas (Milchglas) entfernt man**
mit lauwarmem Seifenwasser, dem etwas Pottasche zugesetzt ist.

473. **Milchglas wird gründlich gereinigt**
durch Abreiben mit warmem Essig und feinem Kochsalz.

474. **Zur gewöhnlichen Säuberung von Milchglas**
genügt Abbürsten mit einer starken Sodalösung.

475. Blindgewordene gewöhnliche Fensterscheiben
reibt man mit feinem Bimssteinpulver ab.

476. **Fensterscheiben mattieren.**
Man löst Bienenwachs in Terpentinöl und mischt etwas Sickativ und Lack bei. Die Scheiben hiermit bestreichen und mit Wattebäuschchen recht gleichmäßig tupfen.

477. **Einfaches Undurchsichtigmachen von Fensterscheiben.**
Man überstreicht die Fenster mit einer Mischung von einem Glas Weißbier und einer Handvoll Kochsalz.
- Die Wiederentfernung erfolgt bei Bedarf durch Abwaschen mit heißem Sodawasser.

478. Nagel und Haken leicht in Steinwände einschlagen.
Man muß sie nur vorher eine Weile in Öl legen.

479. **Guter Mörtel zum Ausmauern von Öfen.**
5 kg blauen, fetten Ton macht man dick mit Wasser an, läßt die Masse durch ein Sieb und verrührt sie mit 3 kg Quarzsand und 2 kg Koksasche (fein gesiebt) in Wasser.

480. **Guter Ofenkitt.**
Man knetet 8 Teile Lehm, 1 Teil gesiebte Holzasche, 1 Teil Kochsalz, 1 Teil Eisenfeilspäne und 1 Teil Federalaun mit Mehlkleister zu einer steifen Masse.

481. **Dauerhafter Anstrich auf Eisen.**
Um das Abschälen des Anstrichs auf Eisen zu verhindern, wäscht man das Eisen vorher ab und überstreicht es nach dem Trocknen mit heißem Leinöl. Dann streichen. Nässe schadet dann nicht mehr.

482. Kleinere Eisengegenstände werden vor dem Streichen besser selbst erhitzt und in Leinöl geworfen.

483. **Zerrissene Ketten**
werden mangels käuflicher Ersatzglieder zweckmäßig mit einem S-Haken geflickt.

484. **Petroleum-Lampendochte rauchen nicht,**
wenn sie vor Ingebrauchnahme mit Essigwasser getränkt und vor dem Einziehen gut getrocknet waren.

485. **Das Wasser in der Wärmflasche hält sich länger warm,**
wenn man etwas Salz, aufgelöst in Weinessig, zusetzt.

486. **Leder wird nicht brüchig,**
wenn Sie es alle vierzehn Tage mit Rizinusöl einfetten.

487. **Kalk im Auge.**
Man wasche das Auge mit Zuckerwasser aus: der Kalk geht mit dem Zucker sofort eine chemische Verbindung ein, durch die seine ätzende Wirkung aufgehoben wird.

488. **Lockere Messerklingen**
zieht man aus dem Griff, füllt die Öffnung mit einer Mischung von 2 Teilen Kolophonium und 1 Teil Kreide (beides gepulvert) und stößt die heißgemachte Klinge in das Heft.

489. **Versand frischer Blumen.**
Man schneidet sie nur halberschlossen, am besten frühmorgens, wenn die Sonne sie noch nicht berührt hat. Die Stiele taucht man in geschmolzenes Wachs, so daß die Feuchtigkeit im Stiel bleibt. Dann lose in angefeuchtetes Papier wickeln. Der Empfänger muß die unteren Teile der Stiele dann abschneiden.

490. **Geruchlosmachen von Flaschen, Töpfen, Behältern.**
Schwarzes Senfmehl mit heißem Wasser anrühren, einen Tag in den Gefäßen stehen lassen, dann mit Wasser nachspülen.

491. **Silbersachen darf man nie**
in der Nähe von Leinenzeug aufbewahren, denn dann bekommt es schwer zu entfernende dunkle Flecke! (Soda-Einflüsse u. a.)

492. **Geruch aus Nachtschränken verschwindet,**
wenn man das Innere mit Formalinwasser abreibt (50 gr Formalin auf ¼ Liter Wasser).

493. **Hartgewordene Farbpinsel wieder gebrauchsfähig**
machen. Man klopft die Borsten mit einem Hammer locker, reibt dann tüchtig mit Schmierseife ein, läßt 24 Stunden liegen und reibt den Pinsel mit warmem Sodawasser aus.

494. **Eingetrocknete Ölfarbe an Gefäßen und an Pinseln**
löst sich fast augenblicklich in Amylacetat. (Dieses ist dann durch Terpentinöl oder Firnis leicht wieder zu entfernen.)

495. **Hartgewordene Farbreste in der Dose**
werden wieder gebrauchsfähig, wenn man die Haut vorsichtig entfernt, die Dose in kochendes Wasser stellt und gut rührt.

496. **Womit werden Farben verdünnt?**
Ölfarbe mit Firnis, Lackfarbe mit Terpentinöl.

497. **Fußabtreter, Bast- und Strohmatten**
reibt man nach dem Klopfen mit kräftigem Salzwasser ab.

498. **Etiketten lösen sich leicht von Flaschen,**
wenn man sie gut durchweicht und dicht an helles Feuer hält. Kratzen und Schaben unnötig. Auch der festeste Leim weicht.

499. **Weihnachtsbaum lange frisch erhalten.**
Der Christbaum wird vor dem Schmücken zwei Tage lang in Wasser mit reichlich Glyzerin-Zusatz gestellt.

500. **Die Matratze knarrt nicht mehr,**
wenn man alle sich kreuzenden Sprungfederteile gut einölt.

501. **Fotos**
reinigt man mit einem in Spiritus getränkten Wattebausch.

502. **Rohrgeflecht von Stühlen wieder straffen.**
Man reibt es von unten mit heißem Wasser ab und stellt den Stuhl in die Zugluft.

503. **Rohrgeflecht von Stühlen bleicht man**
mit einer Mischung aus 1 Liter Wasser, 4 Eßlöffeln Salmiakgeist und einer halben Handvoll Schmierseife.

504. **Bevor Sie die Zitronenschale fortwerfen,**
reiben Sie mit ihrer Innenseite den Küchentisch ab! Für Küchenmöbel das beste gründliche Reinigungsmittel.

505. **Haarbürsten (aber nur die Borsten!) reinigt man**
mit einer Lösung von Ammoniak in warmem Wasser.

506. **Roßhaare reinigen.**
Man weicht sie in kaltem Wasser ein und schwenkt sie dann mehrmals in kochender Sodalauge hin und her. Sobald sie sich gekräuselt haben, herausnehmen, in reinem Wasser nachspülen, abtropfen lassen und auf ein großes Tuch zum Trocknen legen.

507. **Einen kleinen, praktischen Hobel für den Haushalt,**
den man oft braucht, stellt man sich leicht selbst her. Auf 2 kleine Brettchen leimt man Glaspapier, grob und fein. Auf den Rückseiten kann man Griffe anbringen, z. B. Lederschlaufen. Der Hobel mit groben Glaspapier dient zum Vorschleifen, der feine zum Nachschleifen.

Tipps und Tricks für den Garten

508. **Wozu sind Eierschalen verwendbar?**
Eierschalen, kurz gestoßen oder gemahlen, sind als kohlensaurer Kalk ein guter Zusatzdünger, für den besonders Bohnen und Erbsen dankbar sind. Auch für Topfpflanzen!

509. **Schmutzige Hände werden leicht gereinigt**
durch ein Rhabarberblatt (da dieses Oxalsäure enthält).

510. **Unkraut auf Gartenwegen beseitigt man**
durch Begießen mit 5%iger Magnesiumchloridlösung.

511. **Holzwerk in der Erde vor Fäulnis schützen.**
Pfähle, Balken usw. kann man noch nachträglich imprägnieren, indem man in den über der Erde befindlichen Teil ein zentimeterweites Loch schräg nach unten bis zur Mitte des Holzes bohrt und es so oft mit Karbolineum füllt, wie dieses (in 1 bis 3 Tagen) aufgesogen wird. Dann wird das Loch mit einem Holzpflock verkeilt, der glatt abgesägt wird.

512. **Ausgediente Gardinen**
ergeben einen guten Schutz gegen Vogelfraß durch Bedecken der Saatbeete im Garten.

513. **Fliegen verziehen sich aus Ställen bald,**
wenn die Fensterscheiben mit einer Mischung von Kalkmilch mit Wäscheblau angestrichen werden. (Fliegen können die entstehende halbdunkle Beleuchtung nicht vertragen.)

514. **Weidevieh vor Fliegenplage schützen!**
Morgens, vor dem Austrieb auf die Weide, reibt man die Tiere mit Petroleum ein. Die Fliegen verschonen das eingeriebene Vieh.

515. **Pferde schützt man gegen Fliegen**
durch Abreibung mit kaltem Walnußblättertee. (Vor Gewitter besonders wichtig, da die Bremsen dann besonders hartnäckig!)

516. **Wespen sind Bestien im Kleinformat.**
An Bäumen oder Spalieren hängt man weithalsige Flaschen auf die halb mit Zuckerwasser oder gesüßtem Bier gefüllt sind. Es sammeln sich oft Hunderte Wespen an. Diese vernichten!

517. **Wespen-Nester werden abends verbrannt**
durch Hineinstoßen eines brennenden Papierballens.

518. **Wespen-Nester in der Erde**
werden mit kochendem Wasser übergossen.

519. **Die Ameisenplage!**
Man stellt gezuckertes schales Bier in flachen Tellern auf. Die Ameisen verenden darin in Massen.

520. **Andere bewährte Ameisen-Köder:**
Honigwasser, Himbeerwasser, verdünnter süßer Likör, Sirup.

521. **Schlupfwinkel der Ameisen**
kräftig mit etwas in Wasser gelöster Bäckerhefe durchnässen!

522. **Schneckenvertilgung.**
Man legt unschöne Rhabarberblätter oder nasse Brettstücke auf den Boden oder Rasen. Täglich sammelt man dort die darunter angesiedelten Schnecken und tötet sie.

523. **Kohlpflanzen vor Kohlmaden bewahren.**
Ein Eßlöffel gelöschter Kalk, vor dem Einsetzen in das Pflanzloch getan, schützt die Pflanzen vor dem Maden-Befall.

524. **Regenwürmer vertilgen.**
Man begießt die Erde mit dünnem Salzwasser, wodurch die Regenwürmer an die Oberfläche getrieben werden.

525. **Raupen an Beerensträuchern und Gemüsen.**
Man bespritzt die Pflanzen mit Schmierseifenwasser.

526. **Blattläuse und Raupen an Beerensträuchern tötet man**
durch ein starkes Übergießen der Sträucher mit einer Lösung von 80 gr Alaun in kochendem Wasser, verdünnt mit 20 Litern kaltem.

527. **Stachelbeerraupen verschwinden spurlos**
durch Bestreuen der regenfeuchten Sträucher mit Tabak-Asche.

528. **Selbstbereiteter wirksamer Raupenleim.**
5 kg Rüböl und 2 kg Schweinefett werden zusammengekocht. Dann wird 1 kg dickes Terpentin und 1 kg Kolophonium für sich zusammengeschmolzen und mit der ersten Masse sehr gut gemischt.

529. **Ein anderer guter Raupenleim:**
1 kg Fichtenharz, 1 kg Kolophonium, 400 gr Stearinöl, 400 gr Schweineschmalz und einen guten Schuß venetianisches Terpentin im Wasserbad oder auf schwachem Feuer gut zusammenschmelzen.

530. **Oder eine ganz einfache wirksame Mischung:**
2 kg Kolophonium und 1,3 kg Stearinöl zusammenschmelzen.

531. **Holzwürmer: man spritzt Benzin in die Bohrlöcher**
und verschließt diese. Die Benzingase töten die Holzwürmer.

532. **Holzwürmer lassen sich fangen.**
Man legt nahe unter die Löcher Eicheln, deren Geruch sie anzieht.

533. **Blattläuse an jungen Rosentrieben usw.**
Man siedet Zigarrenstummel und andere Tabakreste und bespritzt mit dieser Tabakbrühe die befallenen Triebe.

534. **Vernichtung des Erdflohs.**
Man bestreut die Beete wiederholt mit Sägemehl und Torfmull. Ein Brett bestreicht man mit Fliegenleim. Zwei Personen tragen es, an jedem Ende anfassend, über die Beete, Leimseite nach unten, dicht über den Pflanzen. Die Flöhe springen den Leim an.

535. **Holzasche (bei trockenem Wetter gestreut)**
schützt die Pflanzen vor Erdflöhen und anderem Ungeziefer.

536. **Ungeziefer an Hunden.**
Man gießt auf 6 Handvoll Wermutskraut 3 Liter kochendes Wasser, läßt 8 Stunden zugedeckt stehen und badet dann den Hund in dieser Abkochung. Mit frischem Wasser wird er nachgewaschen.

537. **Feuersicherer Anstrich für Holz.**
Man quellt 50 gr Leim in Wasser, löst ihn in 7 Litern heißem Wasser auf, fetzt 500 gr Borax, 800 gr Chlorammonium und 20 gr Chlorzink zu. Mit dieser Mischung das Holz anstreichen.

538. **Hunde werden von Häuser-Ecken ferngehalten**
durch Ausstreuen von etwas Schwefelblumen.

539. **Die selbstgebaute Gartenwalze.**
Sie besteht ganz einfach aus einer ausgedienten Tonröhre (1 m oder weniger). Die Röhre wird aufrecht auf ein Brett gestellt, in die hohle Mitte kommt ein Besenstiel, derart lang, daß er 10-15 cm über beide Röhren-Enden hinausreicht; das Innere der Röhre wird ausgefüllt mit einer Betonmischung aus Zement, Kies und Wasser, die in einigen Tagen hart wird. An den beiden hervorstehenden Stab-Enden wird dann ein Strick befestigt, und man besitzt die vorzüglichste Gartenwalze.

540. **Löcher in Gießkannen**
dichtet man mit Siegellack erfolgreich ab.

541. **Schlechten, ungepflegten Boden verbessert man**
durch Zufuhr von Humus, Torfmull, Kalk, gutem Kompost.

542. **Das Säen feinster Samen geschieht leichter**
und gleichmäßiger nach Vermischen mit trockenem Sand.

543. **Frühe Karotten erreicht man**
mit abgeriebenem Samen. Er keimt schneller, weil er sich leichter der Erde anschmiegt als anderer Samen mit Bärten.

544. **Die grünen Blätter der Kohlrabi nicht fortwerfen,**
sie besitzen nächst dem Salat den größten Eisengehalt. Man richtet sie, wie Spinat zubereitet, mit den Knollen mit an.

545. **Blaue Kohlrabisorten**
sind widerstandsfähiger als die weißen.

546. **Wie vermehrt man die Kohlrabi-Ernte im Garten?**
Man schneidet die Knollen bei der Ernte so ab, daß an der Wurzel eine Scheibe mit 2-3 Blattwinkeln stehen bleibt; hieraus entwickeln sich 2 bis 3 neue Kohlrabiknollen.

547. **Gemüse (außer Bohnen und Erbsen) abends ernten!**
Sie haben dann die höchsten Nährwerte und besten Geschmack.

548. **Sellerieblätter ernähren die Knollen,**
darum darf man sie nicht abknipsen, wie es viele Hausfrauen tun, um frisches Suppengrün zu haben.

549. **Alte Kisten sind manchmal unentbehrlich,**
man stülpt sie nachts bei Frostgefahr über die Pflanzen.

550. **Blumenkohl, Rotkohl, Wirsingkohl, Weißkohl**
bleiben von Raupen verschont, wenn Sie Tomatenpflanzen zwischen sie setzen (deren Geruch die Schmetterlinge vertreibt).

551. **Die Keimkraft alter Sämereien**
wird wieder angeregt durch Hineinlegen in den ausgedrückten Saft fauler Äpfel etwa über eine Nacht.

552. **Was mit den vielen Maikäfern anfangen?**
Maikäfer, getrocknet und zerstampft sind das wirksamste Düngemittel für Gurken, Tomaten, Kürbis und andere Früchte.

553. **Maikäfer als Futter-Abwechslung**
werden von Hühnern, Gänsen, Enten gern genommen.

554. **Gebrauchte Teeblätter,**
mit Blumenerde gemischt, ergeben eine gute Düngung.

555. **Beete legt man am besten von Norden nach Süden an,**
auch die Rillen für kleine Setzlinge, da sie dann von den schweren Ost- und Westwinden nicht so mitgenommen werden.

556. **Wie erziele ich Riesen-Kürbisse?**
Man schüttet etwa 35 cm vor und hinter dem Kürbisstiel auf dem Rankenknoten gute Erde auf, so daß nur die Blätter des Knotens sichtbar bleiben; die vordere Rankenspitze wird abgeschnitten, die etwa erscheinenden neuen Triebe werden abgekniffen.

557. **Tuch- und Stoffreste, Lumpen, Nähabfälle usw.**
werden wie Dünger in die Erde gegraben, da sie für gefräßige Pflanzen vielerart (z. B. Gurken) gute Nahrung enthalten.

558. **Auch Untergraben von Zeitungspapier**
tut gelegentlich gute Düngerdienste.

559. **Hühner hält man von Gärten fern,**
indem man an den Zugangsstellen weißen Pfeffer ausstreut.

560. **Selbsthergestellte Sichel.**
Ausgediente Rasierklingen, an der halben Runde eines kantigen Kleiderbügels nach Entfernung des Aufhängehakens befestigt, ergeben eine vorzügliche Sichel.

561. **Gurkensetzlinge (Pflänzchen) kann man selbst**
heranziehen, wenn man die Samen Anfang März in feuchte Sägespäne legt, sie in einen warmen Raum stellt und ständig gelinde feucht hält. So erzielt man Riesen-Ernten.

562. **Moos auf Rasenflächen wird beseitigt**
durch Übergießen mit einer Lösung aus 30 Litern Wasser und 1 kg kleingestoßenem Eisenvitriol. (Für den Rasen zugleich günstig, während das Moos schon nach etwa 1 Stunde abstirbt.)

563. **Radieschen nicht in zu sonnige Lagen säen,**
sie werden sonst holzig. Sie lieben viel Feuchtigkeit.

564. **Radieschen nicht düngen!**
Sie bekommen dann Maden. (Nahrhafter Boden aber vorteilhaft.)

565. **Der Schnitt der Hecken**
muß stets so erfolgen, daß sie unten breiter bleiben als oben. Sonst entstehen Lücken.

566. **Rosensträucher blühen bis in den späten Herbst,**
wenn man die voll erblühten Rosen jeweils vor dem Beginn des Entblätterns abschneidet.

567. **Auf müde und welkende Pflanzen und Setzlinge**
wirkt übermangansaures Kali (kleine bläuliche Kristalle, in Wasser aufzulösen, sehr sparsam) wie ein Lebenselixier.

568. **Setzlinge verpflanzt man nur nach dem Regen** oder während des Regens. (Sonst: Wachstumsstockungen!)

569. **Der anspruchsloseste Obstbaum**
ist die Sauerkirsche (Schattenmorelle), die selbst im Schatten und in ungünstigem Boden gedeiht und gute Ernten bringt.

570. **Und die dankbarste, anspruchsloseste Fruchtpflanze**
ist die Haselnuß; sie nimmt mit jedem Gartenwinkel vorlieb.

571. **Baumgruben (für die Frühlingspflanzung)**
werden schon an schneefreien Wintertagen ausgehoben, damit die Erde vom Frostwetter für die Bäume brauchbar gemacht wird.

572. **Baumschulartikel nur aus Baumschulen der Gegend**
beziehen! (Genauer: nur aus Baumschulen mit gleichem Klima.) Also nicht aus dem Süden, wenn man sie im Norden pflanzt.

573. **Damit die Bohnen – auch richtig lohnen!**
Bohnen nur frühmorgens ernten, weil sie dann ihr Aroma behalten.

574. Stangenbohnen bringen doppelte Erträge wie Buschbohnen,
aber Buschbohnen kann man 2 – 4 Wochen früher ernten.

575. **Eine zweite Bohnenernte im Herbst** bringen früh gesäte Puffbohnen (Saubohnen), wenn die Pflanzen gleich nach erster Aberntung der grünen Schoten bis auf 8 - 10 cm über der Erde mit scharfem Messer abgeschnitten werden.

576. **Stangenbohnen reifen früher und bringen große Ernte,** wenn man sie nach Erreichung von 1 m Höhe seitwärts bindet, statt sie aufwärts ranken zu lassen.

577. **Gießen im Garten nur abends!** Gießen während des Sonnenscheins ist zwecklos.

578. **Nur mit abgestandenem Wasser oder Teichwasser** gießen! Frisches Brunnen- oder Leitungswasser oft schädlich!

579. **Gießen im Frühling ist meist nicht wichtig,** aber desto mehr an den wirklich heißen Sommertagen.

580. **Wenn Begießen von Zimmerpflanzen während einiger** Tage nicht möglich (Reise!), dann legt man nach letztem gutem Gießen Moos oder Steinchen recht dicht auf die Topferde.

581. **Hornspäne.**
sind ein hervorragendes Düngemittel für Topfpflanzen.

582. **Haare (tierische und menschliche)**
sind für Düngungszwecke jeder Art vorzüglich geeignet!

583. **Katzen vertreiben.**
Katzen sind empfindsam gegen Schreck und meiden später die Stelle. Somit: plötzlichen Wasserguß, Kinderpistole, Knallerbsen!

584. **Wenn die Obstbäume unter Schneedruck leiden,**
dann den Schnee abschütteln! Das Obst leidet sonst später.

585. Wacholderzweige, an die Kartoffelmieten
unten angelegt, halten die Mäuse fern.

586. **Frisch in die Erde gebrachte Sämereien**
werden nicht mit der Gießkanne begossen, um Verschlemmen zu verhindern. Der Erdboden muß vorher angefeuchtet werden.

587. **Kürbis- und Gurkenkerne**
werden vor der Aussaat eine Nacht leicht in Milch eingeweicht.

588. **Wie man eine Ziegelstein-Gartenmauer ausbessert.**
Alle losen und beschädigten Steine werden herausgenommen, vom alten Mörtel befreit und, soweit nicht wieder verwendbar, durch neue ersetzt. Als Mörtel dient eine Mischung von 1 Teil Portlandzement und 3 Teilen Flußsand mit Wasser. Die auszumauernden Mauerstellen werden vor der Arbeit reichlich mit der Gießkanne begossen, die einzubettenden Steine in Wasser getaucht.

589. **Dachmoos entfernt man**
durch mehrmaliges Begießen mit Kalkwasser, dem etwas Eisenvitriol beigefügt ist.

590. **Schimmel an und in Fässern**
wird zunächst mit Bürste und kaltem Wasser entfernt, dann mit heißem Wasser putzen, dem reichlich Soda zugesetzt ist.

591. **Vorhängeschlösser im Freien gegen Nässe schützen!**
Man nagelt an die Tür eine Klappe aus Gummi vom Fahrrad oder Auto, die das Schloß bedeckt und gegen Verrosten schützt.

592. **Wie härtet man einen Bohrer?**
Man erhitzt ihn bis zur Kirschrotglut, taucht die Spitze rasch in Quecksilber und kühlt hierauf den ganzen Bohrer in kaltem Wasser. Er bohrt, so gehärtet, selbst glasharten Stahl.

593. **Harz, Ölfarbe usw. an den Händen**
wird mit Öl und Terpentin leicht abgewaschen.

594. **Rost auf Stahl.**
Man erhitzt den Stahl und reibt ihn mit reinem Bienenwachs ein, bis sich eine dünne Wachsschicht gebildet hat. Einen frischen Lappen taucht man in gestoßenes Kochsalz und reibt das Wachs mitsamt dem Rost vom Stahl ab.

595. **Rost an größeren Eisenflächen**
wird durch öfteres Einreiben mit Petroleum bekämpft.

596. **Rostschutz für Metall.**
Man schmilzt 20 gr Kampfer in 125 gr Schweineschmalz und mengt etwas Graphit zu. Hiermit bestreicht man die gut gereinigten Gegenstände und entfernt den Brei nach 24 Stunden.

597. **Schrauben in der Wand rosten nicht,**
wenn man sie vor dem Einziehen mit Talg einreibt.

598. Meißel, Axt und andere Werkzeuge arbeiten besser,
wenn man die Klingen mit Paraffin einreibt.

599. **Beim Sägen von Weichholz**
(Kiefer, Tanne, Fichte usw.) reibt der Fachmann das Sägeblatt vorher mit Öl oder einer ungesalzenen Speckschwarte ab.

600. **Beim Sägen von Hartholz dagegen**
(Eiche, Buche) reibt man das Sägeblatt mit Petroleum ein.

601. **Winterholz, Frühjahrsholz: um diese zu unterscheiden,**
bringt man etwas Jod auf die Hirnholzfläche. Das im Dezember gefällte Winterholz färbt sich violett, das im Frühjahr (März) gefällte nur ganz wenig dunkel. Das sich violett färbende Holz ist dauerhafter, wasserfester, widerstandsfähiger, wertvoller.

602. **Risse in Zementböden oder Beton**
lassen sich mit Zement nur ausdichten, wenn sie vorher sorgfältig ausgemeißelt wurden. Richtige Ausbesserungsmischung: 4 Teile Zement, 1 Teil Glaspulver oder feiner Quarzsand, hierzu so viel Wasserglas, daß ein ziemlich dicker Mörtel entsteht.

603. **Der selbsthergestellte Handfeuerlöscher.**
Etwa die Hälfte der in den Vereinigten Staaten hergestellten Handfeuerlöscher enthält nur Tetrachlorkohlenstoff (Flüssigkeit, in Drogerien erhältlich). Um einen brauchbaren Hand-Feuerlöscher zu haben, genügt es daher, eine mit Tetrachlorkohlenstoff gefüllte Seltersflasche an passender Stelle aufzustellen. Die Flüssigkeit wird auf den Brandherd gespritzt.

604. **Ein zweiter Vorteil:**
Tetrachlorkohlenstoff (auch Benzinoform genannt) ist zugleich ein hervorragendes Fleckentfernungsmittel,

das keine Ränder hinterläßt. Anwendung wie bei Benzin (z. B.Fettflecke).

605. **Kränkelnde Topfpflanzen.**
Die Ursache ist sehr oft: sauergewordene Erde infolge zu vielen Gießens. Gießt man Wasser von 65 Grad Celsius in die Töpfe, so ist die Säure verschwunden, sobald das ablaufende Wasser klar erscheint.

606. **Würmer in Blumentöpfen**
verschwinden, wenn man eine erkaltete Abkochung von Nußblättern oder Roßkastanien in die Töpfe gießt.

607. **Drahtwürmer im Garten.**
Die kleinen gelben Larven der Schnellkäfer, Drahtwürmer genannt, die große Verheerungen an Gemüsen anrichten, sind so widerstandsfähig, daß sie nur durch Ablesen bekämpft werden können. Man lege halbierte Kartoffeln mit der Schnittfläche nach unten auf den Boden, drücke sie fest an und lese täglich die darunter angesammelten Würmer ab.

608. **Oder:**
Man sät Salat zwischen die Krautpflanzen, für den die Drahtwürmer eine Vorliebe haben. Beginnt eine junge Pflanze zu welken, so zieht man sie mitsamt den Würmern aus.

609. **Gegen die Blattlaus.**
Man weicht ¼ kg Quassiaholz in 4 Litern Wasser ein, kocht am nächsten Tage das Ganze zwei Stunden

und gießt durch ein Tuch in ein Gefäß, das mit 18 Litern Wasser gefüllt ist. Das ausgelaugte Quassiaholz kommt fort, in die Brühe aber wird ½ kg Schmierseife gerührt. In die abgekühlte Lösung taucht man die befallenen Zweigspitzen oder bestreicht sie damit.

610. **Schildläuse.**

2 kg schwefelsaure Tonerde werden pulverisiert und in 10 Litern Wasser gelöst. Vor dem Gebrauch sind weitere 90 Liter Wasser unter Rühren mit einem Reisigbesen zuzusetzen. Hiermit werden sofort die Sträucher von allen Seiten bespritzt.

611. **Gegen Meltau (Mehltau) und Oidium,**

auch gegen Ungeziefer: man löst 2 kg Kochsalz in 100 Litern Wasser und besprengt damit die befallenen Pflanzen.

612. **Würmer im Abort.**

Gegen die Fliegenlarven in den Abortröhren streut man Kalkpulver an die Röhrenwände.

613. **Ruß**

ist nicht nur ein gutes Düngemittel, sondern auch ein vorzügliches Mittel gegen schädliche Insekten aller Art im Garten.

614. **Schneckenplage im Garten.**

Schnecken, im jungen Gemüsegarten unheilvoll, wandern von benachbarten Grasgärten nicht ein, wenn man um seinen Garten einen 10 cm breiten Streifen Ätzkalk anlegt.

615. **Wenn besondere Spinnenplage im Hause herrscht,**
muß die Hausfrau die Aufenthaltsorte der Spinnen nach Entfernen der Spinngewebe öfter mit Wasser besprengen, dem pulverisiertes Eisenvitriol oder Kupfervitriol beigesetzt ist.

616. **Im Garten sind Spinnen dagegen sehr nützlich,**
sie vernichten Ungeziefer an Gemüsen, Obstbäumen, Rosen.

617. **Die Garten-Polizei.**
Marienkäfer, Gartenläufer, Goldschmied, Puppenräuber, Schlupfwespen, Raubfliegen, Schmarotzerfliegen, Baumwanzen sind zu schonen, weil sie die schädlichen Insekten vertilgen.

618. **Von den größeren Tieren sind insbesondere nützlich**
im Garten: Spitzmäuse, Igel, Eidechsen, Frösche, Kröten und Blindschleichen.

619. **Der Maulwurf**
ist überwiegend nützlich. Seine Hügel soll man jedoch glatt harken.

620. **Kalken der Obstbäume erfolgt am billigsten**
mit Strohpinseln aus Roggenlangstroh, die man sich an einem Besenstiel selbst bindet.

621. **Gartenerdbeeren**
pflanze man niemals eine, sondern 3-4 Sorten. Dies ist wichtig für den Ertrag wegen der Eigenart der Befruchtung.

622. **Erdbeerbeete dürfen während der Blüte**
und Fruchtansatz nicht mehr mit der Hacke gereinigt werden.

623. **Unfruchtbar bleibende Erdbeeren,**
die an sich üppig aussehen, sind erblich belastet und müssen ausgemerzt werden. (Auch ihre Ausleger bleiben unfruchtbar.)

624. **Für Steckzwiebeln wichtig:**
Nur die kleinsten Zwiebeln zum Stecken auswählen! Die besten sind haselnußklein. Die großen schießen gern ins Kraut.

625. **»Dünge mit Luft!«**
Das heißt: den Boden gut gehackt genügend lange liegen lassen!

Tipps und Tricks für die Gesundheit

626. **Gegen Schnupfen**
hilft Einziehen einiger Tropfen Glyzerin in die Nase.

627. **Rauchen abgewöhnen?**
Wer sich das Rauchen abgewöhnen will, wird in diesem Bestreben unterstützt durch den reichlichen Genuß von Äpfeln.

628. **Kirschkerne sind ideale Füllung für Wärmkissen.**
Man wärmt ein genügendes Quantum vor Gebrauch in der Röhre und füllt sie in einen Beutel aus Leinen- oder Baumwollstoff.

629. **Hausschwamm beseitigen.**
Die befallenen Teile regelmäßig mit Petroleum abreiben!

630. **Hartnäckigen Hausschwamm**
bekämpft man mit starker Borsäurelösung.

631. **Dem Hausschwamm vorbeugen:**
die gefährdeten Wandstellen mit rohem Holzessig bepinseln.

632. **Bienen- und Wespenstiche.**
Man bestreicht die Stichwunde mit nasser Soda oder mit angefeuchtetem feinem Zucker. Der Schmerz geht zurück, die Geschwulst verschwindet. Steckengebliebene Stachel vorher entfernen!

633. **Mückenstiche**
übertupft man mit Formalin.

634. Insektenstiche jeder Art
lindert Essigwasser.

635. **Insektenstichen beugt man vor,**
indem man Gesicht, Arme und Hände mit Nelkenöl einreibt.

636. **Mückenplage auf dem Lande an Teichen usw.**
bekämpft man durch Ausgießen von Petroleum aufs Wasser

637. **Leichtere Hautverbrennungen.**
Es hilft: Einreiben mit Butter oder Ol.

638. **Schwere Brandwunden:**
Auf die verbrannte Stelle streut man bis zum Eintreffen des Arztes doppeltkohlensaures Natron dick auf. Darüber Verband!

639. **Wenn Sie sich geschnitten haben,**
nehmen Sie reinen Baumwollstoff, tauchen ihn in kochendes Wasser und legen ihn auf die Wunde. Das Bluten hört sofort auf.

640. **Ein gesundes, wirklich gutes Schlafmittel.**
Kurz vorm Insbettgehen einige Speisezwiebeln, in Milch aufgekocht, verzehren! Schlaf kommt schnell.

Dieses Mittel, oft angewandt, verleiht übrigens auch eine reine Gesichtsfarbe.

641. **Schönheitspflege – auf richtigem Wege.**
Auffallend weiche und schöne Haut erzielen Sie, wenn Sie sich täglich einige Male mit einer Lösung von je einem Eßlöffel Glyzerin, Honig und Zitronensaft in 1 Liter warmem Wasser waschen. Dies ist ein wirkliches Universalmittel.

642. **Trockene Haut**
wird durch Waschen mit Seife oft schmerzhaft spannend und rissig. Man nimmt Mandelkreide mit großem Erfolg statt Seife.

643. **Bei fettglänzender Haut**
helfen heiße Waschungen, heiße Kompressen, Gesichtsdampfbäder; ferner: alkoholische Lösungen. Tagsüber zur Entfernung des Fettes das Gesicht ein paarmal leicht überpudern.

644. **Welke Haut wird rasch wieder straff und frisch**
durch Wechselwaschungen. Erst einige Minuten so heiß, wie es zu ertragen ist, dann kurz kalt. Mehrmals wiederholen. Auch Abreiben mit einem Stück Eis hilft sofort.

645. **Bei blassem Aussehen:**
Bimssteinabreibung! Man reibt mit der glatten Fläche des Bimssteines die angefeuchtete Haut sanft ab. Dann leicht einfetten!

646. **Als einfaches, gutes Hautbräunugsmittel**
bewährt sich bei regelmäßiger Anwendung 10%ige wasserfreie Vaselin-Salbe. (Mit Kölnisch Wasser kann man sie perfümieren.)

647. **Sonnenbrand wird gelindert**
durch Auflegen gewaschener Petersilie. Öfter wechseln!

648. **Sonnenbrand-Entzündungen**
behebt wiederholte Waschung mit Wasserstoffsuperoxyd.

649. **Gegen grobe Poren**
das gewaschene Gesicht ab und zu mit Zitronensaft einreiben! Es hilft bestimmt.

650. **Die Bildung von Runzeln und Krähenfüßen**
wird aufgehalten durch öfteres Waschen mit Mandelmilch.

651. **Mitesser beseitigt man**
durch Trinken rohen Saftes der roten Rüben. Täglich nimmt man ein halbes Wasserglas Saft löffelweise ein.

652. **Sommersprossen**
bekämpft man mit Zitronensaft. Aber wichtiger ist: schon von März an vorbeugen durch Einreiben mit Lichtschutzfarbe.

653. **Puder niemals auf unvorbereitete Haut** bringen, sondern nur auf eingekremte Haut!

654. **Vorm Schlafengehen muß Puder** unbedingt entfernt werden (am besten mit Kölnisch Wasser). Hierauf wird die Haut mit Fettkreme eingekremt.

655. **Gegen aufgesprungene Lippen** ist eine 10%ige Boraxlösung in Glyzerin ausgezeichnet.

656. **Wohlriechender Atem.** Ein Stückchen Zucker mit 2 - 3 Tropfen Lavendelöl läßt man langsam im Munde zergehen.

657. **Ein gutes, billiges Mundwasser** stellt man sich selbst her aus einem Teil Arnikatinktur und drei Teilen Wasser.

658. **Wirklich schöne Zähne** erzielt man durch Zähneputzen mit warmem Salbei-Tee. Gleichzeitig festigt Salbei-Tee das Zahnfleisch.

659. **Blendend weiß werden die Zähne,** wenn man sie wöchentlich einmal mit Kochsalz putzt, das man wie Zahnpulver auf die feuchte Zahnbürste nimmt. Nachspülen!

660. **Blonde Haare**
erhalten hohen Seidenglanz und einen feinen Duft durch Waschen mit Kamillentee unter Zusatz einiger Tropfen Rosenmasser.

661. **Das Haar wird seidenweich und jugendlich**
durch eine Ölpackung. Vor jeder Kopfwäsche anzuwenden. Man durchtränkt die Kopfhaut vollständig mit geeignetem Öl, z.B. süßem Mandelöl, und bindet hierauf ein wollenes Tuch um das Haar. Nach 1/2 Stunde gut mit Kamillentee nachwaschen!

662. **Glanz erhält jedes Haar**
durch Zusatz von etwas Essig zum Spülwasser.

663. **Zu fettiges Haar**
muß genügend oft mit leichtem Sodawasser gewaschen werden.

664. **Zu trockenes Haar**
wäscht man nur einmal im Monat, reibt es aber öfter mit Olivenöl ein, besonders über Nacht. (Alten Schleier überbinden!)

665. **Gegen Haarausfall**
(besonders bei blonden Frauen) helfen Kopfwaschungen mit starkem Kamillentee, regelmäßig durchgeführt.

666. **Den Reiz der Augenbrauen**
erhöht man durch Einreiben mit Brillantine über Nacht.

667. **Die Augenwimpern werden strahlend.**
Man fettet ein kleines, weiches Würstchen mit etwas Kreme ein und bürstet die Wimpernhaare, die oberen nach oben und die unteren nach unten.

668. **Schöne geschmeidige Hände**
erreicht man, indem man sie nach dem Waschen unabgetrocknet gründlich mit Zitronensaft einreibt, den man in die Handhaut hineinmasstert. (Braucht nicht wieder abgespült zu werden.)

669. **Schweißige Hände**
wäscht man oft in lauwarmem Wasser mit einigen Körnchen Alaun als Zusatz. Seife möglichst wenig benutzen!

670. **Gegen rauhe Hände:**
Eine Handvoll Haferflocken mit kochendem Wasser übergießen, eine Weile ziehen lassen und die Hände darin baden.

671. **Rote Hände**
wäscht man in lauwarmem Wasser mit reichlichem Borax-Zusatz und einem Zuschuß Kampferspiritus.

672. **Zu weiche Fingernägel**
reibt man täglich mit Zitronensaft ein.

673. **Brüchige Fingernägel badet man abends**
in heißem Eichenrindentee. Dann mit Lanolinsalbe einreiben.

674. **Ein billiges und hervorragendes Nagel-Polierpulver**
ist Zinkoxyd. Etwas davon auf den Handballen streuen und daran die Nägel der anderen Hand polieren!

675. **Eingewachsene Nägel**
beseitigt man, indem man sie mit einem ölgetränkten Läppchen umbindet. Schon am nächsten Morgen sind sie so weich, daß man sie bequem abschneiden kann.

676. **Dicke Fußfesseln beseitigt man**
durch tägliche Massage von unten nach oben mit Vaseline.

677. **Fußschweiß verschwindet**
durch Einreiben der Füße mit Essigwasser nach dem Fußbad.

678. **Gegen Frostbeulen ein vorzügliches**
und schnell helfendes Mittel ist Hasenfett. Man besorgt es sich beim Wildbretlieferanten, schmilzt es und bestreicht damit über Nacht die kranken Stellen. (Im Salbentöpfchen aufbewahren.)

679. **Jung bleiben!**
Allgemein verjüngend wirkt regelmäßiger Genuß von Knoblauchsaft, der sich immer weitere Anhängerinnen verschafft.

680. **Ist ein Mittagsschläfchen nützlich oder schädlich?**
Für Schlanke ist es nützlich, da jeder Schlaf der Schönheit dient. Für schwerere Personen ist es nicht zu empfehlen, da dann hauptsächlich die Bewegungs-Unlust erhöht wird.

681. **Schlank werden**
gelingt nur durch Gymnastik. Jeden Morgen und Abend 5 Minuten das folgende «Training»: auf Zehenspitzen aufrecht gehen und stehen, Knie anziehen, Beinschwingen, Kniebeugen, Ausstrecken auf flacher Diele, Bewegungen aus der Bauchlage.

682. **Entfettungskuren durch Erdbeeren**
sind wirksam, wenn man täglich drei starke Portionen roh, ungesüßt ißt und zugleich völlig diät lebt.

683. **Gegen zu starke Hüften.**
Jeden Abend vor dem Schlafengehen die folgende kleine Übung durchführen: man hält sich, nur mit Nachtgewand bekleidet, mit beiden Händen an irgendeinem Gegenstand fest und wirft abwechselnd kräftig die Beine nach hinten. Erfolg: verbürgt.

684. **Kritische Tage für die Frau.**
Frauen können sich Leiden ersparen, wenn sie rechtzeitig auf die kritischen Tage achten und Leinsamentee trinken.

685. **Ein fabelhafter Badezusatz,**
namentlich für empfindliche Haut, ist Kleie. 2-3 Pfund, in ein Säckchen genäht, für ein Vollbad.

686. **Zu heller Puder macht stets alt,**
daher eine etwas dunklere Tönung wählen!

687. **Trockene Haut**
darf niemals gepudert werden. Sie springt sonst und wird dadurch rauh und häßlich. Man nimmt eine gute Mattkreme.

688. **Statt Puderquaste ein Wattebäuschchen**
benutzen und oft fortwerfen! Es ist nicht teurer, aber hygienischer und vor allem wirksamer.

689. **Allzu hohe Schuhe**
führen sehr oft zur Bildung von Hängeleib.

690. **Reinen Teint erzielt man**
mit Sicherheit durch Trinken von viel frischem Gurkensaft.

691. **Viele kleine Leiden – lassen sich vermeiden.**
Unerwünschte Haare im Gesicht beseitigt man durch häufiges Bestreichen mit Wasserstoffsuperoxyd. Dadurch werden die Haare bald lichter und brechen ab.

692. **Aufgesprungene Hände**
müssen nach dem Waschen zum Schutz gegen kaltes Wetter mit ganz feinem Hafermehl bepudert werden.

693. **Gegen Zahnschmerzen ist Nelkenöl**
ein zuverlässiges Mittel. Je 1-2 Tropfen gibt man auf 2 Wattestückchen, von denen man das eine in den hohlen Zahn, das andere ins Ohr der gleichen Gesichtshälfte steckt. Die Wirkung tritt in kurzer Zeit ein.

694. **Husten.**
Weichselkirschenstiele werden etwas überkocht. Dreimal täglich eine kleine Tasse warm genossen, heilt den Husten.

695. **Husten besonders bei Kindern**
lindert reines Glyzerin. (Weil es süß ist, nehmen sie es gern.) Täglich einige Male teelöffelweise.

696. **Wenn Schnupfen und Husten zusammentreten,**
dann ist völlige Nahrungsenthaltung häufig von bester Wirkung.

697. **Heiserkeit. Besitzt man keinen Inhalator,**
so kann man sehr einfach inhalieren, indem man durch einen umgekehrten Trichter den Dampf heißen Kochsalz-Wassers einatmet.

698. **Gegen Ohrensausen**
helfen mit Zwiebelsaft beträufelte Wattepfropfen, die Sie in die Ohren stecken.

699. **Haarausfall?**
Man stellt als billige Lösung eine Mischung von 2-3 gr übermangansaurem Kali in einem Liter abgekochtem Wasser her und reibt hiermit die Kopfhaut zweimal täglich ein.

700. **Für eilige Leute gegen Haarausfall:**
Zweimal in der Woche den Kopfboden mit Kochsalz einreiben.

701. **Woher kommt die Glatze?**
Hauptsächlich davon, daß die Kopfhaut unbeweglich wird. Daher frühzeitig Kopfhaut massieren und »Kopfhautgymnastik« unternehmen. (Die Kopfhaut selbst bewegen lernen!)

702. **Gegen Nasenröte**
(die bekanntlich viele Ursachen haben kann) ein fast immer zweckmäßiges Mittel: die Nasenspitze mit einem Wattebausch betupfen, der vorher in sehr heißes Wasser getaucht war.

703. **Wer sich müde und abgespannt fühlt,**
nimmt zwischen den Mahlzeiten täglich zweimal in wenig Wasser geschlagenes frisches Ei, das beliebig versüßt werden darf. (Aber nicht das Wasser durch Milch ersetzen, da dann das Eiweiß gerinnen und seine Wirkung verlieren würde!)

704. **Verdauungsschwäche?**
Nach jeder Mahlzeit ein Stückchen Ananas, roh oder eingemacht!

705. **Das Hühnerauge schmerzt weniger,**
wenn man ein Stückchen Seidenpapier um die Zehe wickelt.

706. **Wer an Hühneraugen oder Hornhaut leidet,**
eine Radikalkur aber vermeiden will, reibe täglich die verdickten Stellen mit einem feuchten Bimsstein ab. Der lästige Druck verschwindet.

707. **Eine wirksame Hühneraugentinktur selbst herstellen.**
Man mischt: 10 gr Salizylsäure, 140 gr Kollodium und 1 gr indischen Hanfextrakt. (In einem Fläschchen gut verschlossen halten.) Das Hühnerauge wird mit der Tinktur befeuchtet, die durch das Verdunsten des Kollodiums einen luftdichten Überzug bildet. Nach 2-3 Tagen löst man die Masse ab, badet den Fuß möglichst heiß und kann das erweichte Hühnerauge herausziehen.

708. **Warzen zum Verschwinden bringen.**
Man bindet alle sechs Stunden frische Zitronenscheiben auf sie.

709. **Ein bequemer anzuwendendes Mittel gegen Warzen:**
Über Nacht oder mehrmals am Tage bindet man auf die Warze eine dicke Zwiebelscheibe, die öfter erneuert wird.

710. **Warzen an Händen entfernt man**
durch Abbinden mit einem Zwirnsfaden. In der Nacht anwenden. Nach mehreren Tagen vertrocknen die Warzen und fallen ab.

711. **Stuhlverstopfung**
kann in vielen Fällen durch reines Olivenöl behoben werden, von dem man morgens und abends einen Teelöffel voll nimmt.

712. **Eine Blutreinigungskur,**
auch für Gesunde unbedingt wichtig, jährlich einmal durchzuführen, unternimmt man wirksam und billig durch eine Vierwochenkur mit Walnußblättertee (zweimal täglich eine Tasse).

713. **Kopfschuppen.**
Man wäscht die Haare mit Lindenblütentee.

714. **Asthma.**
Morgens, mittags und abends nimmt man einen Teelöffel voll dieser Mischung: 3 Teile geriebenen Meerrettich, 1 Teil flüssigen Bienenhonig.

715. **Wo drückt der Schuh?**
Um das Brennen der Zehen in neuen Schuhen zu verhindern, legt man ein nasses Leinenläppchen fest in die Spitze des Schuhes. Schon am anderen Morgen ist die Gerbsäure, die den empfindlichen Schmerz verursacht, herausgezogen.

716. **Dem Kranken im Bett**
gebe man ein buntes oder buntgerändertes Taschentuch. Es verhindert das aufregende Suchen. Ein weißes sieht man schlecht.

717. **Eine andere Wohltat für den Kranken:**
ein kleines weißbezogenes Kissen zu den übrigen! Äußerst praktisch zum Unterschieben unter den Kopf oder Rücken.

718. **Gegen Schlucken hilft:**
eine Messerspitze Salz auf der Zunge sich auflösen lassen.

719. **Kleine Narben werden ausgeglättet**
durch genügend oftmaliges Überreiben mit Bimssteinseife.

720. **Müdigkeit und Mattigkeit im Frühling**
und im Sommer treiben Sie aus durch leichte Abreibung des Körpers mit Kampferspiritus.

Nimm Salz!
Siebzehn Anwendungsarten von Salz.

721. Nimm Salz, wenn Du Korbwaren auffrischen willst!

722. **Nimm Salz zum Teppich-Abbürsten,** wenn die Farben wieder wunderbar leuchten sollen.

723. **Nimm Salz, wenn das Herdfeuer** erlöschen will! Eine Handvoll Salz entfacht es wieder.

724. **Fettflecke** werden mit Salz entfernt, gelöst in Salmiakgeist oder Spiritus.

725. Nimm Salz beim Waschen schwarzer Tuchstoffe: sie laufen dann nicht ein.

726. **Nimm Salz zum Entfernen frischer Tintenflecke:** wird es sofort getan, so zieht die Tinte in das Salz ein.

727. Nimm Salz zum *Gurgeln*!

728. **Nimm Salz beim Stockschnupfen.** Salzwasser, in kürzeren Zeitabständen in die Nase gezogen, wirkt lindernd.

729. **Bei Bienen- und Insektenstichen** mindert ein aufgelegter Salzbrei den Schmerz und verhindert Auftreten der Geschwulst.

730. **Nimm etwas Salz in die Pfanne beim Braten!**
Es verhindert das Umherspritzen des Fettes.

731. **Nimm Salz zum Fensterscheiben-Putzen!**
Ein kleiner Zusatz zum Putzwasser läßt sie noch einmal so schön glänzen.

732. **Nimm Salz, um Politur-Möbel**
blank zu erhalten! Ein Kochsalzbrei, mit Speiseöl angerührt, wirkt Wunder.

733. **Salz hält Ledertücher lange weich.**
Nach Benutzung wird das Fensterleder in Salzwasser ausgewaschen und halbfeucht und aufgerollt fortgehängt.

734. **Messingsachen**
werden durch einen Brei aus Salz und Essig geputzt und blank erhalten.

735. **In neu gestrichenen Zimmern**
entfernt eine aufgestellte Schale mit Salz den Ölfarbengeruch.

736. **Schmutzränder an Waschgeschirren, Wannen usw.**
werden mit Salz, auf ein Läppchen genommen, schnell entfernt.

737. **Beim Eiweißschlagen**
soll man eine Kleinigkeit Salz nehmen! Dann gibt es den schönsten Schnee.

(Fast hätten wir nun aber den hauptsächlichsten Zweck des Salzes vergessen. Also: mit Salz werden bekanntlich auch Speisen gewürzt. Aber das zählt hier nicht mit.)

Unser Hund!
Was viele Hundefreunde nicht wissen

738. Der Hund darf keine Geflügelknochen
fressen. (Unbedingt beachten.)

739. **Alte Hunde**
sollten auch keine anderen Knochen mehr bekommen. Dafür: allen Hunden oft und reichlich Fleisch!

740. Knochen nicht unter das andere Futter mischen,
sondern besonders geben!

741. **Wurstschalen**
müssen vorher zerkleinert werden.

742. **Futter nicht »auf Vorrat« kochen,**
besonders im Sommer nicht! Trinkwasser im Sommer oft erneuern.

743. **Ungeziefer am Hofhund?**
Walnußblätter in das Lagerstroh mischen!

744. **Hunde richtig säubern.**
Man löst gelbe Kaliseife in warmem Wasser und bürstet hiermit mit starker Bürste das Fell des Hundes gegen den Strich. Im Sommer läßt man ihn hierauf schwimmen.

Unser Kaninchen!
Was viele Kaninchenfreunde nicht wissen

745. **Unsere Kaninchen sollen es gut haben!**
Eine sehr gute Streu ist getrocknetes Moos. Sonst: Torfmull.

746. **Ausgediente Ofenkacheln**
eignen sich vorzüglich als Kaninchen-Futtertröge. (Leicht zu reinigen, und Herauskratzen des Futters ist nicht möglich.)

747. **Die bekannte Frage, ob Kaninchen trinken,**
sei beantwortet: sie trinken, allerdings meist
nur dann, wenn sie kein Grünfutter haben. ☒
Kaninchenhäsinnen müssen einige Tage vor dem Werfen stets Wasser im Napf finden, da es sonst vorkommt, daß sie ihre Jungen vor Durst, den der Blutverlust erzeugt, auffressen.

748. **Kaninchenjunge**
lasse man nie mehr als 6 bis höchstens 8 im Nest, weil die Häsin selten mehr als 8 Saugwarzen hat.

749. **Was jedes Kaninchen braucht: öfter etwas Reisig**
oder hartes Brot (zum Knabbern, damit die Nagezähne nicht zu lang wachsen).

750. **Kaninchen-Freßunlust wird behoben**
durch Mitfütterung von Schafgarbe, Thymian, Wermut, Beifuß. (Im Winter zugleich beste Medizin gegen Magenverstimmungen.)

751. **Kaninchen gewöhnt man das Beißen ab,**
wenn man ihnen ein in der Erde zum Anfaulen gebrachtes Stück Pferdefleisch hinhält, Sie beißen einmal hinein, schütteln sich und beißen nie wieder.

752. **Wohlschmeckendes Kaninchenfleisch erhält man,**
wenn man den Tieren etwa 4 Wochen lang vor dem Schlachten als Beifutter Gewürzkräuter gibt, besonders Sellerie und Petersilie.

753. Schönere Kaninchenfelle erzielt man,
wenn man Leinsamen mitverfüttert.

Unsere Hühner! Was viele Hühnerfreunde nicht wissen

754. **Erhöhte Legetätigkeit der Hühner**
erzielen Sie, wenn Sie frische, süße Magermilch (nur selbstentrahmte Milch) mitverabreichen. Ursache: der Eiweißgehalt.

755. **Wer höchsten Hühnerertrag im Winter wünscht,**
schaltet abends eine Stunde Licht im Stall ein und gibt nochmals Körner in die Einstreu.

756. **Brutnester an dem Erdboden anlegen,**
nicht auf Holz oder Steinen. Die natürliche Erdfeuchtigkeit beeinflußt die Küken im Ei günstig. Stets in dunklen Räumen!

757. **Die Bruthenne ist mit Insektenpulver**
einzureiben, hauptsächlich unter den Flügeln und am Bauche.

758. **Durchfall bei Hühnern und Küken.**
Holzkohle wird ganz klein geklopft unter das Futter gemischt.

759. **Sehr richtige Nesteier stellt man sich selbst her,**
indem man flüssigen Gipsbrei in ausgeblasene Hühnereier füllt und sie auf dem Herd oder in der Röhre trocknet.

760. **Hühner überfliegen Zäune nicht mehr,** wenn man 15 - 20 cm über der oberen Zaunkante laufend einen dünnen Draht - parallel zu dieser, aber nach der inneren Seite des Zauns gerichtet - anbringt. Auffliegende Hühner sehen den Draht nicht, fallen zurück und geben die Mühe schließlich auf.

Rund ums andere Getier

761. **»Gänseliesel.« Junge Gänse**
brauchen Grasweide und Hüteaufsicht. Wo letztere fehlt, stellt man auf die Weidestelle eine Strohpuppe von weiblichem Aussehen (Schürze vorgebunden!), daneben Wassergefäß. Die Gössel (Gänschen) bleiben todsicher in deren Nähe, streifen nicht wahllos umher. Das Gänseliesel wirkt zugleich als Raubvogelscheuche.

762. **Laufdraht für Ziegen.**
Die Ziege soll einen Laufdraht haben. Es genügt nicht, die Ziege an einen Pflock mit kurzer Kette anzuschließen. Der Laufdraht bietet ihr viel größere Weidegelegenheit: zwischen zwei Eisenpflöcken ist ein starker Eisendraht gespannt, an dem die Ziegenkette hin und her gleiten kann.

763. **Auch beim Schweineschlachten unsern Wink beachten!**
Die beste Schlachtzeit ist zwischen 2 und 5 Uhr morgens, weil Schweine dann die geringste Lebenstätigkeit zeigen; jede sonderliche Aufregung, die das Tier vor dem Schlachten erleidet, beeinträchtigt die Haltbarkeit des Fleisches. (Grund: bestimmte Säureentwicklungen.) Vor Schlachten dem Tier 20 Stunden Ruhe.

764. **Was fängt man mit einer alten Wohnlaube an?**
Sehr praktisch kann man aus ihr ein Immenheim machen. Die geschlossene Bewirtschaftung solcher Bienenheime hat viel für sich, besonders durch Ersparnis manchen Arbeitsganges.

Nicht so umständlich!
Hier Küchengewichte und Maße.

765.
1 Liter ist gleich 4 Wassergläsern.

766. **1 Weinflasche**
= 6 Weingläser = 3/4 Liter. 1 Weinglas = 1/8 Liter.

767. **Mehl:**
1 gehäufter Eßlöffel = 20 gr, 1 gestrichener Eßlöffel = 10 gr, ein gehäufter Teelöffel = 10 gr.

768. **Zucker:**
1 gehäufter Eßlöffel = 25 gr, 1 gestrichener Eßlöffel = 15 gr, ein gehäufter Teelöffel = 15 gr.

769. **1 Suppenteller**
= 1/4 Liter; 1 kleiner Tassenkopf = 1/8 Liter.

770. **1 Eßlöffel Wasser**
oder Milch oder Essig = 20 gr.

771. 1 Eßlöffel zerlassene Butter
oder Fett = 12 ½ gr.

772. **20 Tropfen Wasser**
oder Milch oder Essig = 1 gr.

773. **1 Lot**
(als altes Gewicht für Kaffee usw.) = reichlich 14 gr.

774. **1 gewöhnliche Kaffeetasse**
hält 100 gr Mehl, 75 gr geriebene Semmel, 150 gr Grieß, 150 gr Zucker, 175 gr Reis oder Sago.

775. **Für den Landmann und Siedler wichtig! Brutzeiten:**
(Durchschnittlich!) Hühner 21 Tage, Perlhühner 26 Tage, Tauben 18, Enten 27, Gänse 32, Puten 29, Pfauen 30 Tage.

776. **Tragezeiten (Trächtigkeitsdauer) durchschnittlich:**
Kaninchen 30 Tage, Hunde und Meerschweine 63 Tage, Katzen 57, Schweine 118, Schafe 153, Ziegen 154, Kühe 285 Tage.

777. **Keimzeiten. Ganz schnell (in 4–6 Tagen) keimen:**
Blumenkohl, Kohlrabi, Rosenkohl, Gartenkresse, Herbstrüben.

778. **In 5–8 Tagen keimen:**
Gurken, Radieschen, Rettiche, Tomaten, dicke (Puff-) Bohnen, Weißkraut, Endivien.

779. **Mittlere Keimzeiten. In 8–12 Tagen keimen:**
alle anderen Bohnen, Erbsen, Karotten, rote Rüben, Spinat, fast alle Salate.

780. **Lange Keimzeiten (10–15 Tage):**
Sellerie, einige Sorten Spinat (Neuseeländer), Zwiebeln.

781. **Noch längere Keimzeiten erfordern:**
Porree, verschiedene Sellerie- und Spinatsorten.

Einmache-Winke

782. **Beim Apfel-Einmachen saure Sorten bevorzugen!**
Die Stücke vorher in Wasser mit Zitronensaft-Zusatz legen!

783. **Birnen: nur wirkliche »Einmachebirnen« verwenden!**
Gleichfalls in Zitronensaft-Wasser einweichen.

784. **Pflaumen: große Pflaumen vorziehen!**
Zu enthäutende Pflaumen vorher kurz in heißes Wasser tauchen.

785. **Apfelmus einmachen: hellfleischige Sorten nehmen!**
Sorten mit rötlichem Fleisch ausschließen.

786. **Kirschen: erst waschen und dann entstielen!**
Bei Süßkirschen frühe Sorten bevorzugen.

Welche Kräuter soll ich im Kleingarten ziehen?

787. **Sehr dankbar ist Dill.**
Der reife Samen ist vorzüglicher Ersatz für Kümmel und schmeckt feiner als dieser.

788. **Lavendel ist unverwüstlich**
und für den Wäscheschrank außerordentlich beliebt.

789. **Waldmeister**
für die Bowlen und

790. **Kamille**
für viele Heilzwecke und zur Schönheitspflege. - Solche Gewürze lohnen weit mehr als z. B zu viel Petersilien-Saat!

Nichts fortwerfen!

791. **Eine alte Rasierklinge,**
in einen Korken gesteckt, ist ein ideales Trennmesser.

792. **Seidenpapier**
nicht fortwerfen! Es eignet sich besonders gut zum Auftragen des Bohnerwachses und schluckt auch nicht so viel Wachs wie die Bohnerlappen.

793. Und am anderen Tage gibt das Bohnerpapier
sehr gute Feueranzünder.

794. **Ausgedrückte Zitronenhälften**
legt man ins Waschwasser auf dem Waschtisch. Sie machen dieses weich und verschönen den Teint und die Hände.

795. **Gebrauchte Pfefferkörner**
werden durchgedreht und als äußerst wirksames Mottenschutzmittel in den Pelz gestreut. (Später leicht auszuschütteln.)

796. **Durchgebrannte elektrische Sicherungen**
geben nach Durchbohren der Füllung brauchbare Schlußquasten für die Gardinenschnüre in Kammer oder Wochenendhaus.

797. **Ein überzähliger Ziegelstein**
ist der beste Messerschärfer.

798. **Eine kleine Glasscheibe**
(z.B. von Fotoplatten) ist der beste Scherenschärfer.

799. **Einen Zigarrenkistendeckel**
schiebt man bei Gebrauch der Fleischmaschine zwischen Schraube und Tischplatte, um Eindrücken dieser zu vermeiden.

800. **Abgespielte Grammofonnadeln sind vorzüglich**
zum Vernageln von Bilderrahmen, Leisten, Möbelteilen.

801. **Alte Zeitungsbogen**
halten, im Winter unter den Teppich gelegt, das Zimmer wärmer.

802. **Aus Stoffresten und alten Wollstrümpfen**
stellt man sich einen brauchbaren Mop her. Die Streifen müssen ca. 3 cm breit und 30 cm lang sein.

803. **Aus alten Filzhüten**
geschnittene Einlegesohlen sind besonders warm und dauerhaft.

804. **Alte Schwamm- und Gummischwammstücke**
näht man in ein Mullsäckchen und gewinnt einen neuen Schwamm.

805. Gut ausgetrocknete Kartoffelschalen
sind glänzende Feueranzünder.

Selbst ist die Frau!

806. **Mop-Öl selbst herstellen.**
Man mischt 9 Teile Spindelöl mit 1 Teil Terpentinöl. (Wird von teuren Produkten kaum übertroffen).

807. **Guter Stärkekleister.**
Man gießt auf gute Wäschestärke nur so viel kaltes Wasser, daß sie angefeuchtet wird. Dann rührt man sie mit kochendem Wasser zu Brei. Dieser Kleister ist sofort zu verbrauchen.

808. **Praktischer Kerzenhalter (Weihnachtsbaum).**
Sie kaufen ziemlich dicke Nähnadeln billigster Sorte, erhitzen über offener Flamme das Öhr und treiben die Nadel mit Fingerhut halb ins Kerzenende. Die Kerzen sitzen großartig!

Wie wird das Wetter?

Die nachstehenden Wetter-Grundsätze sind wissenschaftlich begründet und praktisch vieltausendfach erprobt, haben nichts mit irgend welchen Aberglauben-Ideen zu tun und sind daher für Stadt und Land maßgebend.

809. **Entsteht ein Regenbogen am Vormittag,**
so ist schlechtes Wetter zu erwarten.

810. **Nachmittags-Regenbogen**
künden dagegen gutes Wetter an.

811. **Staubregen**
ist Vorbote von trockenem, schönem Wetter.

812. **Wenn sich Nebel erst nach Sonnenaufgang**
einstellt, ist gutes Wetter für 2 und mehr Tage zu erwarten.

813. **Beginnt es mittags zu regnen,**
so dauert der Regen fast niemals lange.

814. **Regnet es im Sommer lange,**
und zwar bis zum Eintritt der Dunkelheit, so ist für den nächsten Tag schönes Wetter zu erwarten.

815. Besonders starker Tau am Morgen
kündet gutes Wetter an.

816. Fehlt der Tau im Sommer morgens:
Regen ist in Aussicht

817. **Schneit es nachts ausgedehnt,**
so ist Nachlassen des Frostes und oft sogar Tauwetter in Aussicht.

818. **Wenn man ferne Geräusche auffallend gut hört,**
ist mit baldigem Eintreten schlechten Wetters zu rechnen. - Ähnlich:

819. Kann man frühmorgens außergewöhnlich gut weit
sehen, so ist Regen zu erwarten.

820. Wenn Steinmauern im Winter schwitzen:
wärmeres Wetter in Aussicht!

821. **Glatteis**
ist der Vorbote von milderem Wetter.

822. **Wenn das Salz feucht wird,**
ist Regenwetter in Aussicht.

823. **Beginnen Wurst oder Speck zu schwitzen,**
so ist gleichfalls regnerisches Wetter in Aussicht.

824. **Erdbeeren und Fuchsien**
zeigen kommenden Regen dadurch an, daß sie Tautropfen an den Blatträndern bilden.

825. **Die Akazie**
schließt bei kommendem Regen ihre Blüten.

826. **Die Herbstzeitlose,**
der Kälte gegenüber sehr feinfühlend, treibt ihre Wurzeln im Herbst bei bevorstehendem mildem Winter nicht sehr tief in den Boden, bei bevorstehendem kaltem Winter aber sehr tief, und zwar bis reichlich 60 cm und mehr.

827. **Wenn Ameisen ganz besonders unruhig sind,**
so können Sie mit schlechtem Wetter rechnen.

828. **Besonders große Höhe der Ameisenhaufen im Herbst**
kündet mit Sicherheit einen besonders kalten Winter an.

829. **Kehren die Bienen abends früh heim,**
so wird das schöne Wetter anhalten.

830. Bleiben sie abends dagegen sehr lange aus,
so ist ungünstiges Wetter zu erwarten.

831. **Kehren Enten im Winter abends von selbst**
früh in den Stall zurück, so ist mit besonders kalter Nacht zu rechnen.

832. Engerlinge im Herbst dicht unter der Erdoberfläche
zeigen einen milden Winter an.

833. Fledermäuse nach Sonnenuntergang
künden schönes Wetter.

834. **Baden sich Stubenvögel besonders oft,**
so ist mit regnerischem Wetter zu rechnen.

835. Wenn die Fliegen besonders zudringlich sind,
ist Regenwetter in Aussicht.

836. **Tagsüber quakende Frösche**
zeigen schlechtes Wetter an.

837. Frühnachts quakende Frösche:
Schönwetter in Aussicht.

838. Wenn die Kröten ihre Schlupfwinkel verlassen,
ist Regen zu erwarten.

839. **Hochspringende Fische**
zeigen ebenso schlechtes Wetter an.

840. **Wenn man Lerchen**
in besonders großer Höhe und besonders lange trillern hört, darf man mit beständigem Wetter rechnen.

841. **Ein Winter-Prophet ist der Maulwurf.**
Wirft er im Herbst bis Spätherbst besonders hohe Hügel auf (weil er seine Würmernahrung im Winter nur in frostverschonter Tiefe findet), so steht ein kalter Winter in Aussicht.

842. Im Sommer zeigen besonders hohe Maulwurfshügel
bevorstehendes schlechtes Wetter an.

843. **Abends fliegende Mistkäfer**
sind besonders zuverlässige Vorboten für Schönwetter.

844. Lautes Schreien der Pfauen des Nachts
kündet Regen an.

845. **An die Oberfläche kommende Regenwürmer**
zeigen gleichfalls bevorstehenden Regen an.

846. **Je später die Regenwürmer noch im Herbst**
in Erscheinung treten, mit desto milderem Winter ist zu rechnen.

847. **Emporkriechen der Schnecken**
an Bäumen, großen Sträuchern usw. stellt Regenwetter in Aussicht.

848. **Auf die Spinnen achten!**
Rege tätige Spinnen zeugen von bevorstehendem schönem Wetter; untätig in den Schlupfwinkel zurückgezogene Spinnen von bevorstehendem Schlechtwetter.

849. **Auch weidende Kühe**
zeigen mitunter das Wetter des nächsten Tages an: fressen sie abends auf der Weide besonders gierig, so ist Regenwetter für den nächsten Tag zu erwarten.

850. **Abendrot**
ist ein sicheres Vorzeichen für schönes Wetter am nächsten Tag. Morgenrot kündet einen Tag mit ungünstiger Witterung an.

Der Sport hat das Wort.

851. **Reiner Zucker, vor sportlichen Leistungen genossen,**
erhöht die Leistungsfähigkeit, insbesondere die Ausdauer.

852. **Muskelkater nach sportlicher Anstrengung**
mildert man durch heißes Vollbad und leichte Knetmassage.

853. **Wundlaufen der Füße auf Wanderungen**
verhütet man, wenn man vorher eine kurze kalte Fußwaschung macht und die Füße dann mit Hautöl einölt.

854. **übermüdete Füße**
werden wieder frisch durch lauwarmes Fußbad (15 Minuten) und anschließendes Massieren der Füße mit Franzbranntwein.

855. **Kartoffelsaft leistet ausgezeichnete Dienste**
bei Muskelschmerzen, Quetschungen und Entzündungen.

856. **Herzklopfen**
bekämpft man durch kalte Umschläge.

857. **Gegen Ballenschmerzen**
(besonders im Sommer lästig) hilft Kampferspiritus-Einreibung.

Welchen Tee nehme ich?

Wichtige Heilpflanzen.

Bei jedem Leiden ist ! selbstverständlich ! der Arzt zu befragen.

858. **Anis.**
Anistee: appetitanregend, Leibschmerzen mildernd.

859. **Baldrian.**
Einfache Baldriantropfen als Schlafmittel und Beruhigungsmittel. Ätherische Baldriantropfen bei Magenbeschwerde.

860. **Brennessel.**
Tee: blutreinigend.

861. **Ehrenpreis.**
Tee: bei Husten und Asthma.

862. **Eibisch (Althee).**
Blätter, kurz vor der Blütezeit geerntet, geben guten Brusttee. Wurzeln, abgekocht, ergeben den Eibischsaft, der, mit Zucker gesüßt, bei Brustbeschwerden günstig wirkt; von Kindern bei Katarrhen gern genommen.

863. **Eichenrinde.**
Baden in der Abkochung gegen Frostbeulen.

864. **Enzian.**
Wurzel-Tee bei Bleichsucht, Blutarmut, Gicht, Skrofulose, Verdauungsschwäche, bei saurem

Aufstoßen und Sodbrenen. Nur in mäßigen Gaben anwenden: Arzt befragen! Als Umschlag gegen Fieber und gegen Hautunreinigkeiten.

865. **Faulbaumrinde.**

Tee bei Leber- und Gallenleiden.

866. **Fenchel.**

Fenchelsamen-Tee bei Brustleiden, Verdauungsbeschwerden und Blähungen. Bei Brustentzündungen Umschläge mit in Milch gekochten Fenchelblättern.

867. **Feigen**

wirken angenehm abführend und reinigen die Nieren und die anderen Harnorgane. Chronische Verschleimung bessert sich, wenn man regelmäßig morgens 2 Feigen ißt, die über Nacht in Branntwein gelegen haben. Geimpften Kindern gibt man gern Feigenkompott. In Milch gekocht wirken Feigen vorteilhaft Zerteilend auf Mund- und Zahngeschwüre. Umschläge mit Feigen gegen Körpeigeschwüre.

868. **Hauhechel.**

Tee bei Blasenkatarrhen, Gicht und Rheumatismus.

869. **Hauswurz.**

Die zerquetschten Blätter und der Saft dienen äußerlich bei Warzen, Hühneraugen, Bienenstichen.

870. **Heidelbeere (Blaubeere).**
Getrocknete Beeren gegen Durchfall.

871. **Holunder.**
Holunderblüten-Tee (Fliedertee) wirkt schweißtreibend, außerdem wirksam bei hartnäckigem Husten. Die Mittelrinde der Wurzel wird als Abführmittel in Milch gekocht, ebenso die Blätter des Holunders.

872. **Huflattich.**
Tee wirkt appetitanregend und wirkt günstig bei Husten, Verschleimung und Heiserkeit

873. **Isländisch Moos.**
Das Moos, von allen Unreinheiten gesäubert und fein geschnitten, entwickelt beim Aufkochen einen gallertartigen Tee, der sehr verdaulich und bei Appetitlosigkeit, Heiserkeit, Ernährungsstörungen und Erschöpfung wirksam ist.

874. **Johanniskraut.**
Tee bei Leber- und Nierenleiden

875. **Kalmus.**
Tee von der Wurzel gegen Verdauungsbeschwerden.

876. **Kamille.**
Tee, getrunken, wirkt blähungstreibend und krampflösend. Für Nieren und Blase günstig. Außerdem schweißtreibend. Beruhigend.

Schmerzstillend.
- Kamillenbäder wirken angenehm belebend.
- Als Gurgelwasser bei Entzündungen der Mundhöhle.
- Als Umschlag bezw. Spülung bei entzündeten Augen, Wundinfektionen, Nasenkatarrhen, Zahnfleischeiterungen.

877. **Knoblauch.**
Am wirksamsten roh gegessen. Knoblauch fördert die Magen- und Darmverdauung, vertreibt Blähungen. Regelmäßiger Knoblauchgenuß wirkt dem Steigen des Blutdrucks entgegen.

878. **Knöterich.**
Tee wirkt durchfallhemmend, besonders wenn mit Rotwein gemischt.

879. **Kümmel.**
Kümmel-Tee wirkt erwärmend, blutreinigend und harntreibend. Planmäßige Kümmeltee-Kur gegen Appetitlosigkeit.

880. **Kürbiskerne**
sind als Wurmmittel bewährt.

881. **Lavendel.**
Lavendelblüten-Tee wirksam gegen Kopfschmerzen.

882. **Leinsamen.**
Tee für erweichende Umschläge. Innerlich als leichtes Abführmittel.

883. **Lindenblüten.**
Tee wirkt schweißtreibend, husten-und schnupfenlindernd, krampfstillend und günstig für die Nerven.

884. **Majoran.**
Tee ist magenstärkend, schweißtreibend, wassertreibend. Als Nasenspülmittel bei Heuschnupfen.

885. **Malve.**
Tee als Gurgelwasser bei Zahngeschwüren und Halsschwellungen. Tee als Getränk wirkt schleimlösend bei Katharren. Als Umschlag erweichend, auch bei Hämorrhoiden.

886. **Pfefferminze.**
Pfefferminz-Tee, sehr vielseitig, wirkt bei geschwächtem Magen, Leibschmerzen, Brechdurchfall, Nervosität; bei Kopfschmerzen, die aus einer Störung der Magentätigkeit kommen, oft Wunder wirkend. Als Frühstücksgetränk das gesunde Aussehen fördernd.
- Pfefferminzkraut wird zu stärkenden Bädern verwendet.

887. **Salbei.**
Tee gegen Durchfall, gegen Verschleimung und gegen Nachtschweiß. Als Gurgelmittel bei Mund- und Rachenentzündungen, blutendem und lockerem Zahnfleisch. Zur Auswaschung älterer Wunden zu deren schnellerer Heilung. Als Halsumschlag gegen Husten, als Umschlag bei eiternden Wunden.

888. **Schafgarbe.**
Tee eignet sich sehr zur kurweisen Anwendung und wirkt günstig bei allgemeinem Unwohlsein, Verdauungsschwäche, Nervenschwäche (Hypochondrie); Blasenschwäche, ferner gegen Husten. Längere Kur bringt bisweilen auch Hämorrhoiden zum Schwinden. - Kräftigend wirken Schafgarben-Bäder.

889. **Sennesblätter.**
Tee wirkt als Abführmittel.

890. **Sennesschoten.**
Diese dürfen nur mit kaltem Wasser ausgezogen werden und dienen gleichfalls zur Regelung des Stuhlgangs.

891. **Spitzwegerich.**
Tee ist im Frühjahr ein Blutreinigungsmittel. Der Saft aus frischzerquetschten Blättern heilt Wunden.

892. **Stiefmütterchen.**
Tee: blutreinigend. Nur in kleinen Mengen genießen! Arzt fragen!

893. **Tausendgüldenkraut.**
Tee: vielseitig beruhigend, vor allem gegen Magenschmerzen. Kalter Aufguß sehr wirksam gegen Fieber.

894. **Wacholder.**
Beeren wirken blutreinigend, stoffwechselfördernd, schweißtreibend. Roh essen oder getrocknet abkochen.

895. **Waldmeister.**
Aus frischem Kraut gekochter Tee wirkt blutreinigend. Zerdrücktes Kraut lindert Geschwüre, Kopfschmerzen.

896. **Walnußblätter.**
Tee: verdauungsstärkend, wurmabtreibend.

897. **Wermut.**
Tee beseitigt rasch Appetitlosigkeit und mangelhafte Verdauung. Wermut ist nur in kleinen Mengen zu nehmen.

35 Kurzwinke

898. **Hartgewordene Gummiringe**
weicht man in einer Lösung von 1 Teil Ammoniak in 2 Teilen Wasser auf.

899. Küchenmesser lauwarm waschen!
Sie werden sonst stumpf.

900. **Vor Ameisen bleibt man im Freien bewahrt,**
wenn man sich auf eine grobwollene Decke legt.

901. **Schlechter Hautgeruch?**
Schwitzbäder, dann abwaschen!

902. Schlechter Mundgeruch?
Ingwerwurzel kauen!

903. **Kleine Brandwunden:**
mit Fett einreiben, dann eine rohe Kartoffelscheibe auflegen! Es gibt keine Blasenbildung.

904. Verstopfter Parfümzerstäuber?
Ein Besenhaar einführen!

905. **Müde Füße**
badet man in leichtem Zitronenwasser.

906. **Linoleum hält erheblich länger,**
wenn es nach dem Reinigen mit Wasser bestrichen wird, in welchem Reis gekocht wurde.

907. **Blutflecke auf Papier**
tupft man vorsichtig mit Chlorwasser ab.

908. **Bernsteinspitzen reinigen:**
man legt sie nur in Weingeist.

909. **Eingetrocknete Tintenreste**
in Tintenzeugen entfernt mühelos Salzsäure. Die Gläser sind im Nu wieder blank.

910. **Gegen Schlaflosigkeit:**
20 Tropfen Baldrian auf Zucker.

911. **Blumen in der Vase halten sich länger,**
wenn man dem Wasser einige Tropfen Kampferspiritus zusetzt.

912. **Bereits welke Blumen leben vorübergehend**
wieder auf nach Zusatz einer Tablette Aspirin zum Wasser.

913. **Holzasche**
ist ein vorzügliches Düngemittel.

914. **Schwämme entlaugen:**
mit einer kleingeschnittenen Zitrone.

915. **Farbige Ledergürtel reinigt**
Heißwasser mit Hirschhornsalz.

916. **Wollene Decken**
sollen nach dem Waschen nicht gebügelt, sondern nur durch die Mangel gedreht werden. Dann aussonnen!

917. **Vergoldete Bilderrahmen**
putzt man vorzüglich mit Molke.

918. **Migräne wird behoben oder gelindert,**
wenn man ein kleines Stückchen Kampfer, mit Watte umhüllt, ins Ohr steckt.

919. **Tube geht nicht auf?**
Tubenkopf in heißes Wasser stecken!

920. **Trübe Aquariengläser**
werden blank durch Essig mit Kochsalz.

921. **Vorzügliches schweißtreibendes Mittel**
ist heiße Milch, mit Seltersmasser vermischt.

922. **Der störende Geruch des Brennspiritus**
wird beseitigt durch Zusatz von etwas Soda.

923. **Karbid**
ist ein gutes Düngemittel für schwarzen Gartenboden.

924. **Ameisen flüchten**
vor ausgestreutem frischem Kerbelkraut.

925. **Wirksames Ameisen-Gift**
ist Pottasche, mit Zucker gemischt.

926. **Auch Thermosflaschen können springen**
bei Eingießen zu heißer Getränke. Aber nicht, wenn vorher kurz über Dampf gehalten.

927. **Für Redner**
ist Brombeersaft hervorragend gegen Heiserkeit.

928. Küchenkräuter nie in der Sonne,
nur im Schatten trocknen!

929. **Zwiebeln,**
im Garten gepflanzt, halten Mäuse aus diesem fern.

930. **Welke Radieschen**
legt, man nicht mit der Knolle, sondern mit dem Blattwerk ins Wasser. So werden sie wieder aufgefrischt.

931. **Geschirr mit Fischgeruch**
wäscht man mit Kaffeesatz ab.

932. **Gartenboden**
soll man nicht umgraben, wenn er naß ist. Es bilden sich harte Klumpen und Schollen, die den Wuchs hindern.

Mutter und Kind.

933. **Eine Hauptsache: der normale Säugling** soll von Anfang an an dreistündliche Nahrungsaufnahme gewöhnt werden. (Nur besonders schwächlichen Kindern alle zwei Stunden Nahrung!)

934. **Die ersten Gehversuche des Kindes** sollen ohne Schuhe gemacht werden, weil der Stand des Kindes mit den Schuhen leicht unsicher wird (schlechte Fußstellung).

935. **Barfußlaufen in der Wohnung ist sehr gesund,** vor allem im Sommer, weil die Haut abgehärtet wird und die Fußmuskulatur unbeengt zur Arbeit kommt.

936. **Als Säuglingsbett** sei dringend das Torfmullbettchen empfohlen (auswechselbar).

937. **Für Windeln** verwendet man am besten dünnen Tapeziernessel. Dieser ist sehr weich und dabei billig, so daß er oft gewechselt werden kann.

938. **Die Nahrung des Kleinkindes** wird schon sehr früh durch Obst und Gemüse erweitert: hierzu wird das Gemüse passiert, Äpfel werden gerieben.

939. **Bei Wundwerden Hautöl verwenden** statt Wasser, Seife und Puder, besonders im Winter!

940. **Überempfindliche Kinder badet man in Kleiewasser.**
(1/4 kg Kleie in 2 Litern kochendem Wasser 1/4 Stunde ziehen lassen.)

941. **Schnupfen von innen her vertreiben:**
für Stuhlgang sorgen, Backpflaumen eingeben.

942. **Bei Verstopfung gibt man dem Säugling**
eine Teelöffelspitze Bienenhonig, später Spinat-Rohsaft.

943. **Zum Zuckern der Flaschenmilch**
ist Malzextrakt gut geeignet.

944. **Kein Kind zum überfrühtem Gehen**
veranlassen! Kriechen ist bekömmlicher als Gehen.

945. **Freudiges Einschlafen des Kindes,**
ohne Zank, mit lieben Gedanken, ist wichtig. Im Schlaf entfaltet sich auch die Seele des Kindes.

946. **Abstehenden Ohren sehr frühzeitig vorbeugen:**
am besten durch die bekannten Ohrenklappen (besonders nachts anzulegen). Später wird es sonst schwieriger.

947. **Gemüse im Frühjahr sind wichtig.**
Kein Treibhaus-, sondern Freilandgemüse!

948. **Das beste Getränk für das Kleinkind**
sind frische Obstsäfte, zunächst stark verdünnt mit abgekochtem Wasser.

949. Bei Durchfall und Brechdurchfall im Hochsommer
soll man einen Milchwechsel vornehmen.

950. **Die Zähne werden erst im zweiten Lebensjahr**
geputzt, bis dahin besorgt es die tägliche Mundreinigung.

951. **Zwei Kinder sind niemals gleich.**
Daher: lassen Sie sich niemals durch andere beeinflussen!

Allerlei so nebenbei

952. **Wenn man auf Fischfleisch mit dem Finger drückt**
und der Eindruck zurückbleibt, so ist es reichlich alt. Bei frischem Fischfleisch schwindet der Eindruck sofort wieder.

953. **Ist der Fisch noch frisch?**
Legen Sie ihn in einen Topf mit Wasser! Sinkt er unter, kann er gekocht werden. Steigt er empor, so ist es schlecht.

954. **Ist das Huhn jung oder alt?**
Junges Huhn hat hellere Haut, röteren Kamm, längere Krallen; altes Huhn: dunklere Haut, matteren Kamm, kürzere Krallen.

955. **Und die Gans? (Ebenso die Ente.)**
Eine junge Gans hat hellen, gelben, weichen Schnabel, die alte Gans rötlich-gelben bis dunkelbraunen Schnabel.

956. **Schnee schlagen**
soll man nicht im Aluminiumtopf. Der Schnee wird unschön.

957. **Ein Gardinenbrand wird schnell bekämpft**
mit einem in Wasser getauchten langhaarigen Besen.

958. **Strumpf auf Strumpf zerreißen die Kinder?**
Das wird sofort anders, wenn Sie ab und zu das Schuh-Innere mit Paraffin einreiben. Die unruhigen

Füße gleiten dann über Unebenheiten des Innenfutters und der Sohle hinweg.

959. **Weil jeder Kochtopf-Boden bei längerem Gebrauch**
in der Mitte dünn wird und der Inhalt dann leicht anbrennt, legt man in den Topf eine umgekehrte Untertasse. Es erfolgt dann unfehlbar kein Anbrennen mehr.

960. **Älteren Gardinen, die nicht mehr recht weiß werden,**
gibt man einen wunderschönen cremeartigen Farbton durch Zusatz eines Aufgusses von Lindenblütentee zu Spülwasser. (Heller oder dunkler.) Sie werden dann meist für neu gehalten.

961. **Beim Stärken älterer Gardinen ist es wertvoll,**
der Stärkelösung einige Blatt weiße Gelatine, vorher in heißem Wasser gelöst, beizufügen. Das Aussehen wird vorteilhaft.

962. **Sektflecke entfernt man**
mit lauwarmem, reinem Wasser, nicht mit Seifenwasser.

963. **Petersilie zerkleinert man am leichtesten,**
wenn man sie vorher in heißes Wasser taucht, nicht kalt wäscht.

964. **Wer an kalten Füßen leidet,**
sollte niemals Strumpfbänder tragen.

965. **Fahnenwaschen.**
In einer schaumigen Lösung von 5 Eßlöffeln Gallseife in 10 Litern lauwarmem Wasser wird das Fahnentuch strichweise durchgewaschen, dann durch Essigwasser gezogen, halbfeucht gebügelt.

966. **Hänschen hat Milben?**
An die Rückenwand des Käfigs hängt man ein Stück dicken Fries. Die Vogelmilben übersiedeln dorthin und werden abgelesen.

967. **Zu enge Schuhe**
werden einige Minuten in ein altes Handtuch gewickelt, das man vorher mit kochendem Wasser getränkt und dann ausgewrungen hat. Dann reibt man sie mit Olivenöl ab und läßt sie so bis zum nächsten Tage stehen. Sie drücken dann nicht mehr.

968. **Ein ausgezeichnetes Kopfwaschpulver (Shampoon)**
ist: 9 Teile doppeltkohlensaures Nation, 1 Teil Hirschhornsalz.

969. Wärmflaschen dürfen nicht in geschlossenem Zustand
auf dem warmen Herd stehen. Sie platzen sonst.

970. **Armband- und Taschenuhren gehen oft deshalb falsch,**
weil sie nachts auf zu kaltem Marmor oder Glasplatte liegen.

971. **Gartenschläuche dichtet man**
mit in Benzin gelöster Guttapercha.

972. **Gegen Schnarchen:**
Das Bett am Fußende leicht erhöhen!

973. **Selbstrankender Wein am Hause**
saugt im Umkreis seines Stammes das Wasser ähnlich einer Pumpe aus der Erde. Feuchtigkeitsliebende Pflanzen dort nicht setzen!

974. **Gips wird ganz besonders hart,**
wenn man etwas Gummilösung ins Wasser gibt.

975. **Gips wird langsamer hart,**
wenn man etwas Spiritus zugibt.

976. **Zum Auslegen von Schränken und Schubfächern**
ist Wachstuch um vieles dankbarer als Schrankpapier.

977. **Bilder und Spiegel an feuchten Wanden leiden nicht,**
wenn man hinten an ihren Ecken Korkstückchen anklebt.

978. **Verschossene Kokosteppiche färbt man wieder braun auf**
mit einer heißen Lösung von übermangansaurem Kali in Wasser.

979. **Schlechten Geruch im Eisschrank**
entfernt starke Sodalauge. Gut nachlüften lassen!

980. **Durchlöcherte Emailleeimer werden wieder brauchbar**
durch Flicken mit Zement. Nach dem Trocknen glattreiben!

981. **Abgegangene Marmorplatten werden erwärmt**
und mit Mischung aus Tischlerleim und Kreide neu befestigt.

982. **Parmesankäse bleibt monatelang frisch,**
wenn man ihn in Salz (auch mit diesem bedeckt) aufbewahrt.

983. **Bürsten reinigt man**
mit Salmiakgeist, verdünnt mit der achtfachen Menge Wasser.

984. Dunkel gewordene Granaten werden wieder schön,
wenn sie mit warmer Kleie poliert werden.

985. **Achselschweiß beseitigt man**
mit einer Abkochung von 30 gr Eichenrinde und ¾ Liter Wasser.

986. **Braunfärben der Haare gelingt völlig unschädlich**
durch frischen Preßsaft von grünen Walnußschalen und -blättern. Die Haare nach Entfetten gut mit dem Saft durchkämmen.

987. **Ein gutes Behelfsmittel gegen Hühneraugen**
ist tägliches Einreiben mit Schweineschmalz oder Kernseife.

988. **Farbbandflecke (von der Schreibmaschine)**
entfernt man im Augenblick mit Spiritus.

989. **Neu gestrichener Fußboden wird viel haltbarer,**
wenn man ihn das erstemal mit Essigwasser aufwischt.

990. **Feuchtigkeitsverdächtige Wände prüft man wie folgt:**
Man heftet ein Stück Gelatine mit Reißnägeln an die verdächtige Stelle und überdeckt es mit Pappe. Hat sich die Gelatine nach 24 Stunden aufgelöst, so ist Nässe in der Wand.

991. **Schlank werden.**
Ein ganz vorzügliches, unschädliches Mittel ist, jeden Morgen nüchtern 1 Glas abgestandenes Wasser mit dem Saft einer Zitrone und einer Prise Salz zu trinken.

992. **Unreine Haut beseitigt man**
durch regelmäßiges heißes Waschen mit kühler Nachspülung.

993. **Aufgetrennte Strickwolle wird wieder glatt,**
wenn man sie auf ein Brettchen aufwickelt, in warmem Wasser sich vollständig vollsaugen läßt und an der Luft trocknet.

994. **Unvernickelte Bügeleisen rosten nicht,**
wenn Sie das noch warme Bügeleisen nach jeder Arbeit mit alten Kerzenresten einreiben.

995. **Glasgefäße springen nicht beim Eingießen heißer**
Getränke, wenn man sie auf einen kalten Teller stellt.

996. **Alte befleckte Lederhandtaschen werden neuwertig,**
wenn Sie die Flecke einzeln mit Salmiakspiritus befeuchten, einwirken lassen und dann die Tasche mit Kreme polieren.

997. **Frischgewaschene Kleider und Blusen appretieren:**
Man fügt dem letzten Spülwasser auf jeden Liter 10 Blatt weiße Gelatine bei. (Nicht Stärke! Diese läßt später knittern).

998. **Zitronen werden um vieles ergiebiger,**
wenn man sie vor Gebrauch in warmes Wasser legt.

999. **Alte Nußkerne brüht man in Salzwasser.**
Erkaltet lassen sie sich abziehen und schmecken wie grüne.

1000. **Seidene Krawatten wäscht man tadellos**
mit einer verdünnten Lösung von Schmierseife und Spiritus.

1001. **Schnürsenkel werden fast unzerreißbar,**
wenn man sie vor Ingebrauchnahme in essigsaure Tonerde legt.

1002. **Vergilbte Wäsche in 24 Stunden gebessert.**
Man legt sie nach dem Waschen einen Tag in Boraxlösung.

Sagen Sie‘s Ihrem Mann

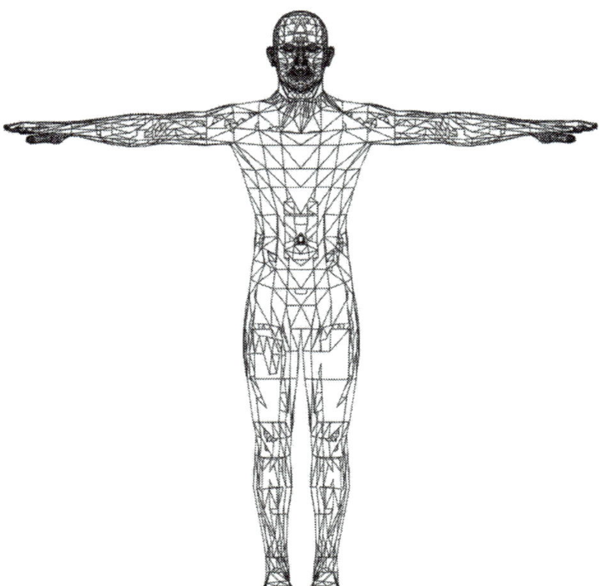

1003. **Herrenscheitel liegt fest an**
durch Einreiben der Haare mit einer Mischung aus 1 Teil Rizinusöl und 9 Teilen 96%igem Weingeist.

1004. **Feine flüssige Haarbrillantine selbst herstellen:**
Olivenöl mit Glyzerin zu gleichen Teilen mischen und etwas Kölnisch Wasser hinzufügen!

1005. **Wenn Tabak, Zigarren oder Zigaretten zu trocken sind,** so genügt es, einige Scheiben rohe Kartoffel dazuzulegen, um ihnen wieder die notwendige Feuchtigkeit zu geben.

1006. **Knattern und Prasseln im Radio-Lautsprecher.**
Sämtliche Kontakte und Leitungen im Hause auf Bruch nachprüfen! Im Schalter und bei Verbindungen Schrauben anziehen!

1007. **Ein Kater wird gemildert,**
wenn man ein Glas Wasser mit 6 Tropfen Salzsäure nimmt.

1008. **Der Hosenboden wird auf keinen Fall blank,**
wenn man ein gerauhtes Gummikissen unterlegt.

1009. Durchschwitzte Jackenärmel sind leicht auszuwaschen mit gleichen Teilen Salmiakgeist und Alkohol.

Impressum

Gesammelt, überarbeitet von Leonie Jager
herausgegeben von SoTo Media
Sandra Oelschläger - Quirlweg 1 - 01824 Königstein OT Pfaffendorf

Printed in Germany
by Amazon Distribution
GmbH, Leipzig

20071297R00115